Bienvenue à Bruges

Le beffroi.
J.-D. Sudres/hemis.fr

Arriver à Bruges

EN TRAIN ET EN AUTOCAR

Depuis la gare de Bruges

La gare des Thalys, des trains des lignes intérieures belges et des bus Eurolines se trouve au sud de la ville, en bordure du centre historique, facilement accessible à pied.

Taxis – Ils vous attendent en nombre à la sortie de la gare.

En bus – Bus De Lijn de la gare vers tous les points de la ville pour 3 € le ticket d'un voyage (valable 1h) ou 8 € pour 24h (6 € dans les commerces, gares, etc.).

À pied – Moins d'1 km sépare la gare du Markt. Suivre Oostmeers et Steenstraat pour le trajet le plus court.

EN AVION

Depuis Bruxelles-National

Aéroport situé à Zaventem, 14 km au nord de Bruxelles.

Airport Express – Depuis le niveau -1 de l'aéroport, des trains desservent successivement Bruxelles Nord, Central puis Midi en 20mn. 2 à 6 dép. par heure, de 4h41 à 0h03 - 9 €. Aussi des trains directs pour Gand (fréquents) ou Bruges (2/j.). Sinon, des gares de Bruxelles, correspondance 2 ou 3 fois par heure vers Bruges (1h), Ostende (1h20) et Knokke-Heist (1h30).

Taxis – Environ 45 € vers les gares bruxelloises, pour continuer en train vers Bruges ou la côte.

Depuis Bruxelles-Sud Charleroi

Aéroport des charters et vols low-cost, 46 km au sud de Bruxelles.

Bus-navettes – Entre l'aéroport et la gare du Midi (sortie sud de la gare, rue de France). Dép. ttes les 30mn env. de 4h30 à 23h59, 1h de trajet - 5 € (à l'avance) à 14 €. Achat et validation au terminal d'arrivée ou sur www.brussels-city-shuttle.com/fr/. De la gare du Midi, trains vers Bruges, Ostende et Knokke-Heist.

Navettes Flibco – Entre l'aéroport et Bruges. 9 dép./j de 5h30 à 23h55, 2h10 de trajet, à partir de 5 € - réserv. en ligne sur www.flibco.com/fr.

Taxis – À la sortie du terminal. Tarif forfaitaire selon la destination.

EN VOITURE

La vitesse dans le centre de Bruges est limitée à 30 km/h. Le régime de stationnement y est contraignant et onéreux. Choisissez durant votre séjour les vastes **parkings** (gare « Centrum Station » et « Centrum t'Zand' ») tous bien indiqués. Comptez de 3,50 € (24h/à la gare) à 8,70 € par jour. Pour le premier, les tickets permettent au conducteur et à sa famille de se rendre en bus, gratuitement, du parking au centre à l'aller comme au retour - www.interparking.com.

Canal de Bruges.
JoseIgnacioSoto/iStock

Les immanquables

notre sélection des plus beaux sites

Le Markt ★★ et le beffroi ★★★
p. 18

Le Dijver ★★
p. 24

Le quartier Sainte-Anne ★
p. 36

Le musée Groeninge ★★★
p. 26

L'hôpital Saint-Jean (musée Memling) ★★★
p. 29

Le Burg ★★
p. 21

L'ancien quartier portuaire ★
p. 40

Le Béguinage ★★
p. 34

Nos coups de cœur

Grimper les 366 marches menant au sommet du beffroi pour comprendre, en un coup d'œil, l'urbanisme de cette ville atypique. *Voir p. 18.*

Parcourir les canaux en bateau, à la basse saison, quand les cygnes sont plus nombreux que les touristes et que la collection de clochers, de façades soignées et de jardins de poche accrochent des filets de brume. *Voir p. 24.*

En hiver, **se réchauffer avec un chocolat chaud et onctueux** chez De Proeverie *(p. 73)*. En été, se rafraîchir en découvrant **l'une des centaines de bières belges** *(p. 132)* à déguster en terrasse avec du fromage Oude Brugge… ou en tribunes, pour suivre le derby Club-Cercle !

L. Veronesi/Westend61 RM/age fotostock

Les asperges signent le retour du printemps.

Partir à la recherche des maisons-Dieu – souvent invisibles depuis la rue –, ces petites maisons basses entourant une chapelle et un jardinet, et construites pour les plus défavorisés entre les 17e et 19e s. *Voir p. 32.*

Goûter à l'atmosphère villageoise des quartiers Ste-Anne *(p. 36)* et St-Gilles *(p. 41)*. En foulant les pavés à l'heure de l'apéritif et en jetant un œil curieux à travers les fenêtres… et devenir envieux de l'art de vivre à la brugeoise.

Rencontrer des artisans créateurs dans leur atelier-boutique grâce au parcours « Handmade in Brugge » et évoquer avec eux leur parcours, leur métier et leurs inspirations. *Voir p. 77.*

Au printemps, **se régaler d'asperges** et en automne de **crevettes grises**, qui toutes deux envahissent les menus des cafés comme des (nombreux) restaurants gastronomiques. *Voir p. 66.*

Arpenter la plage d'Ostende hors saison, tôt le matin ou en fin de journée, si possible sous un

M. De Schuyter/ArTerra Picture Library/age fotostock

Sur un pont du canal de Damme.

ciel tourmenté, pour saisir cette lumière qui inspire les peintres et les chanteurs. *Voir p. 50.*

Découvrir une Flandre miniature, en s'arrêtant dans la pittoresque ville de Damme, dont la réputation gastronomique n'est plus à faire. *Voir p. 47.*

Emprunter la plus longue ligne de tramway du monde pour découvrir le littoral et ses stations aux ambiances variées : Knokke-Heist pour ses boutiques de luxe et les dunes du Zwin Natuur Park, Ostende pour son passé royal et ses pêcheurs, De Haan et ses villas Belle Époque, et toutes les plages où filent les chars à voile. *Voir p. 63.*

Profiter du Plat Pays en **pédalant dos au vent** dans les rues de Bruges, le long des dunes littorales ou sur les petites routes qui relient les calmes villages de maisons blanches des polders comme Damme *(p. 47)* ou Lissewege *(p. 61)*.

Percer les secrets de fabrication des bières locales, en visitant l'une des deux brasseries à nouveau en activité au cœur de Bruges. *Voir p. 132.*

Bruges en 3 jours

JOUR 1

Matin

Commencez la découverte de la ville en grimpant les marches du **beffroi★★★** *(p. 18)* pour contempler d'en haut ce que vous allez découvrir en bas. Empruntez Breidelstraat pour atteindre le **Burg★★** *(p. 21)*, cœur historique de la ville. C'est là que se dressent l'**hôtel de ville** et la **basilique du Saint-Sang★**. De retour au **Markt★★**, un passage par l'**Historium★** *(p. 19)* vous plonge dans l'âge d'or de Bruges.

Midi

Au déjeuner, profitez de l'avantageux menu *lunch* dans un bon restaurant sur **Philipstockstraat** ou **Oude Burg** *(p. 68-69)*.

Après-midi

Prenez place à bord d'un bateau pour une promenade sur le **Dijver★★** et les autres canaux... *so romantic* !

Jour 4

S'il vous reste du temps, mettez le cap sur d'autres destinations aux alentours de Bruges. Si vous avez choisi de passer une nuit au bord de la mer du Nord, empruntez la ligne de tram littoral pour une découverte de la côte « à la carte ».
La plus longue ligne de tramway du monde p. 63.
Sinon, de Bruges, partez à la découverte des villages de polders (pourquoi pas en pédalant) comme ***Damme*** *(p. 47) et* ***Lissewege*** *(p. 61).*

Puis découvrez les tableaux des primitifs flamands dans le **musée Groeninge★★★** *(p. 26)*.

Soirée

Partagez l'apéritif avec les Brugeois à l'Estaminet près du **parc Astrid** *(p. 35)* par exemple, où vous pourrez aussi vous restaurer. Puis, à la nuit tombée, parcourez les berges du Dijver ou les petites rues du centre, discrètement éclairées.

JOUR 2

Matin

Profitez de la quiétude du **Béguinage★★** *(p. 34)* tôt le matin. Puis partez à la recherche des petits havres de paix que sont les **maisons-Dieu★** *(p. 32)*, dissimulées aux alentours de Nieuwe Gentweg et Oude Gentweg. Terminez la matinée à **l'hôpital Saint-Jean (musée Memling)★★★** *(p. 29)* (tableaux du maître et étonnante pharmacie du 17e s.).

Midi

Après avoir jeté un œil avisé à l'**église Notre-Dame★★** *(p. 29)*, déjeunez « léger » d'un incontournable cornet de frites sur le Markt.

Après-midi

Découvrez les **alentours du Markt** *(p. 18)* avec, pourquoi pas, une arrière-pensée shopping. Les boutiques (mode, design, chocolat) ne manquent pas aux environs de la **cathédrale Saint-Sauveur★** *(p. 23)* et de la place Simon Stevin.

La **Vlamingstraat** *(p. 40)*, elle aussi commerçante, mène à l'**ancien quartier portuaire**★ *(p. 40)*. Là, de la **place Van Eyck** et des ponts sur le canal, on jouit de la vue la plus iconique de Bruges avec la **loge des Bourgeois** *(p. 40)* en vedette. Aux environs, vous pourrez vous distraire dans d'insolites musées consacrés à la frite et au chocolat.

▶ ***Soirée***

Faites-vous plaisir en dînant dans un restaurant gastronomique où l'on revisite avec respect la cuisine flamande. Ou, moins onéreux mais tout aussi intéressant, à une table proposant une cuisine traditionnelle.

JOUR 3

▶ ***Matin***

Louez un vélo pour découvrir les quartiers péricentraux. **Sainte-Anne**★ *(p. 36)*, l'ancien quartier ouvrier avec son Centre de la Dentelle, ses **moulins** *(p. 39)*, ses guildes et le **musée-hôpital Notre-Dame-de-la-Poterie** *(p. 39)*. Le quartier **Saint-Gilles** *(p. 41)* est certes moins riche en monuments mais si agréable avec de **l'église néogothique Saint-Gilles** au centre de ses rues tranquilles.

▶ ***Midi***

Déjeunez dans l'une des adresses, discrètes mais conviviales, des environs.

▶ ***Après-midi***

Prenez le train vers une ville côtière. **Ostende** *(p. 50)* pour sa plage et son architecture. **Knokke-Heist** chic avec ses galeries d'art et ses belles villas *(p. 61)* et le **Zwin Natuur Park**★ *(p. 62)*. Selon la saison : marche dans les dunes, baignade, char à voile, kite surf, observation des oiseaux migrateurs... le choix est vaste !

Erik_V/iStock

Galeries royales d'Ostende.

▶ ***Soirée***

De retour à Bruges, profitez après le dîner de la riche programmation culturelle brugeoise. Ou, si vous choisissez de passer la nuit sur la côte, faites un dîner de poissons (dont la fameuse sole à l'ostendaise) et de fruits de mer avant de terminer la soirée au casino, dans un café-concert ou tout simplement sur la plage.

Visiter Bruges

Le canal Dijver.
SerrNovik/iStock

Bruges aujourd'hui

Que l'on découvre Bruges (*Brugge* en flamand) au clair de lune, au cœur de l'automne ou en hiver, et même parmi les foules de touristes qui s'y pressent à la belle saison, la ville semble avoir traversé les siècles, avec ses vieilles demeures aux briques patinées, ses nobles édifices, ses églises imposantes et ses canaux où évoluent les cygnes. Les merveilles de son centre historique, qui constitue un exemple exceptionnel d'habitat médiéval au tissu urbain historique quasi intact, ont été justement récompensées par une inscription au Patrimoine mondial de l'Unesco en 2000. Et les réalisateurs du monde entier la choisissent comme décor pour leurs films : *Bons baisers de Bruges* avec Colin Farrell et Ralph Fiennes (G.B.-E.U., 2008), *Peekay* (2014), considéré comme l'un des plus gros succès commerciaux indiens de tous les temps, ou la mini-série britannique *The White Queen* (2013), etc.

La Venise du Nord ?

Ici, on aime autant les cornets de frites que de glace. La barque large à fond plat n'a rien d'une gondole. Certes, les canaux sont bien là. Ils encerclent et sillonnent le centre historique. Mais l'eau y est douce, peut-être très légèrement salée par les embruns de la mer du Nord portés par le vent. Quant au nord… tout dépend où l'on se place. Et quid de Stockholm, de Saint-Pétersbourg, d'Amsterdam, aussi surnommées « Venise du Nord » ? Mieux vaut éviter les étiquettes et les comparaisons, ou la Sérénissime pourrait bien devenir une Bruges du Sud…

Vivre d'amour et d'eau fraîche

Le cadre est indéniablement propice aux balades main dans la main, le long des façades de brique qui se mirent dans les eaux sombres et calmes des canaux. Le soir, la lumière tamisée des lampadaires éclaire les ruelles où les fleurs remplacent les publicités. Les sabots des chevaux attelés aux calèches battent le pavé sur un rythme qui évoque les rendez-vous secrets. Et aucun Klaxon ne viendra briser votre rêve éveillé. Ici, on se déplace beaucoup à vélo.
Comme Vérone, Bruges joue sur cette réputation de ville des amoureux. On raconte que les couples qui font un vœu sur le pont du Minnewater connaîtront l'amour éternel. Les chocolatiers n'attendent pas la St-Valentin pour décorer leurs vitrines de cœurs prêts à fondre. Les hôtels de charme, même ceux que le design dernier cri a fini par conquérir, n'oublient pas d'allumer bougies et chandelles le soir venu. Quant aux musiciens de rue, ils semblent connaître un répertoire inépuisable de chansons d'amour… D'ailleurs, les visiteurs ne s'y trompent pas. Bruges était classée, en 2016, dans les 10 villes les plus accueillantes du monde par les lecteurs du magazine de voyage américain *Condé Nast Traveler*.

Le lac d'Amour (Minnewater)

Une ville musée ?

Dans la cité médiévale, on ne peut s'empêcher de marcher à pas feutrés. Chaque édifice raconte une histoire ou un épisode de l'Histoire. On s'extasie – mais en chuchotant – devant telle maison à pignon à redans, comme devant l'art subtil des primitifs flamands. Et on regarderait des heures durant les jonquilles pousser sur la pelouse du Béguinage ou des jardins des maisons-Dieu. Mais qui a-t-on peur de déranger ? Les habitants qui nous prêtent leurs places et leurs rues aux heures ouvrables brillent en effet par leur discrétion. Bruges, qui a vécu son âge d'or au 15e s., se contenterait-elle de vivre de souvenirs ? Non. La ville est bel et bien vivante… mais à sa manière. Oubliez le bouillonnement cosmopolite de Bruxelles, la douce folie communicative de Liège, l'énergie créatrice d'Anvers ou le dynamisme universitaire de Gand. Les Brugeois entretiennent soigneusement une qualité de vie qui fait la réputation de leur cité.

Une qualité de vie enviée

Dans les rues paisibles des quartiers résidentiels Ste-Anne, St-Gilles ou du parc Astrid, jadis bastions ouvriers, les Brugeois laissent entrevoir leur cocon douillet. Pas de volets, tout juste de discrets rideaux qui n'empêchent pas le passant de jeter un coup d'œil plus ou moins appuyé sur les intérieurs des maisons. Des bouquets et de jolies poteries trônent derrière les fenêtres. Les Brugeois aiment aussi afficher leurs opinions et leurs passions en placardant sur leurs vitres des slogans politiques, le drapeau de leur club de football favori (Club ou Cercle ?) ou des affiches annonçant l'exposition d'un ami. Bref, entre moulins champêtres et rues médiévales, maisons-Dieu fleuries et demeures futuristes d'architectes, il semble que l'on vive bien et que l'on en soit fier !

Aussi arrogants que le formidable beffroi dominant le Markt, les Brugeois sont ainsi capables d'autoproclamer leur ville « capitale mondiale du chocolat ». Une affirmation que Bruxelles, Paris ou Turin seraient en droit de contester. Qui dit bien vivre, dit bien manger. La ville compte un grand nombre de restaurants gastronomiques que l'on partage avec les touristes. En revanche, on garde jalousement l'adresse de son estaminet de quartier pour siroter tranquillement sa Triple

SE RESTAURER

Bistro de Schaar 13
Franco-Belge 38
Frituur & Veggie Eetboetiek Royal 39
Ganzespel 28
In't Nieuw Museum 16
Oud Handbogenhof 11
Sans Cravate 6
Tom's Diner 12
t' Zwaantje 25

PRENDRE UN VERRE

Concertgebouwcafe 8
De Kelk 14
De Kroon 10
't Risico 11

SHOPPING

Maud Bekaert 36
Quicke 23
Spegelaere 33
't Apostelientje 15

SORTIR

Concertgebouw 1
KAAP 2

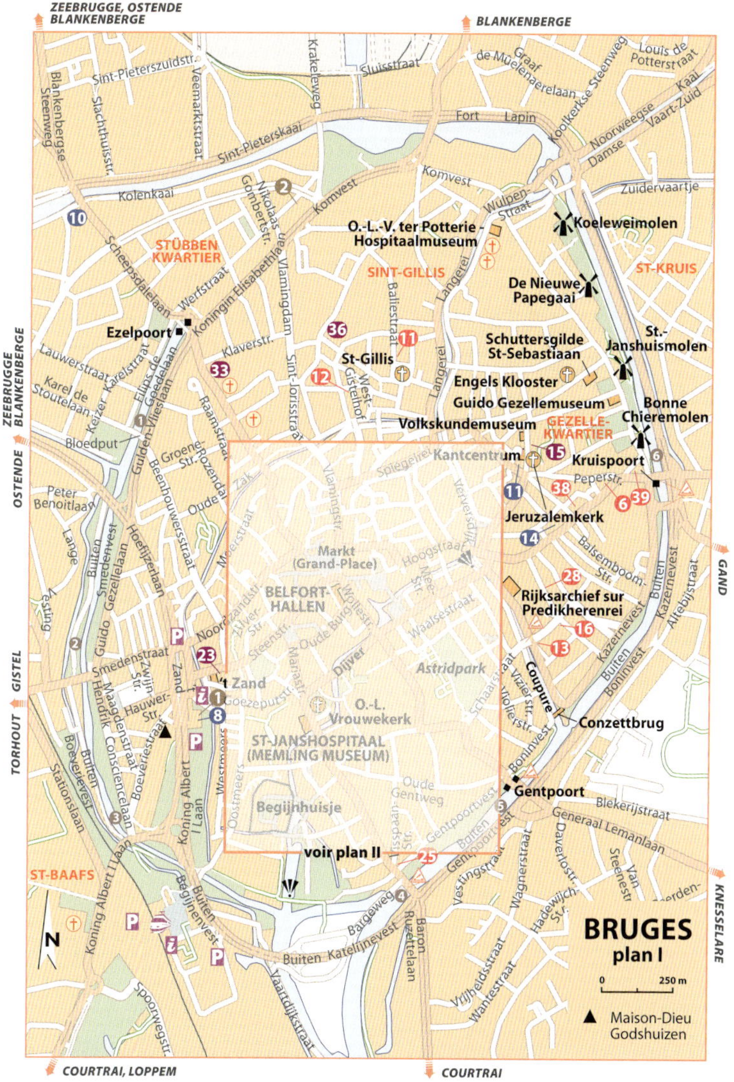
ZEEBRUGGE, OSTENDE
BLANKENBERGE
BLANKENBERGE
ZEEBRUGGE
BLANKENBERGE
OSTENDE
GISTEL
TORHOUT
GAND
KNESSELARE
COURTRAI, LOPPEM
COURTRAI
STÜBBEN
KWARTIER
SINT-GILLIS
ST-KRUIS
GEZELLE-
KWARTIER
ST-BAAFS
O.-L.-V. ter Potterie -
Hospitaalmuseum
Koeleweimolen
De Nieuwe
Papegaai
Ezelpoort
St-Gillis
Schuttersgilde
St-Sebastiaan
St.-
Janshuismolen
Engels Klooster
Guido Gezellemuseum
Bonne
Chieremolen
Volkskundemuseum
Kantcentrum
Kruispoort
Jeruzalemkerk
Rijksarchief sur
Predikherenrei
Conzettbrug
Gentpoort
Markt
(Grand-Place)
BELFORT-
HALLEN
Astridpark
O.-L.
Vrouwekerk
ST-JANSHOSPITAAL
(MEMLING MUSEUM)
Begijnhuisje
't Zand
voir plan II
Sint-Pieterszuidstr.
Blankenbergse
Steenweg
Slachthuisstr.
Veemarktstraat
Krakeleweg
Sluisstraat
de Muelenaerelaan
Graaf
Kolkerkse Steenweg
Louis de
Potterstraat
Fort
Lapin
Noorweegse
Kaai
Damse
Vaart-Zuid
Zuidervaartje
Sint-Pieterskaai
Kolenkaai
Komvest
Nikolaas
Gombertstr.
Wulpen-
straat
Scheepsdalelaan
Werfstraat
Koningin Elisabethlaan
Vlamingdam
Baliestraat
Langerei
Klaverstr.
Lauwerstraat
Karel de
Stoutelaan
Keizer Karelstraat
Ellips de
Goedelaan
Gulden-Vlieslaan
West-
Gistelhof
Sint-Jorisstraat
Raamstraat
Bloedput
Groene-
Str.
Rozendal
Beenhouwersstraat
Oude
Peter
Benoitlaan
Lange
Vesting
Buiten
Smedenvest
Guido
Gezellelaan
Hoefijzerlaan
Moerstraat
Zak
Spiegelrei
Vlamingstr.
Verversdijk
Peperstr.
Balsemboom-
Str.
Hoogstraat
Mee-
Str.
Waalsestraat
Wollestr.
Zilver-
Str.
Noordzandstr.
Steenstr.
Oude Burg
Dijver
Mariastr.
Goezeputstr.
Smedenstraat
Zwijn-
Str.
Zand
Hauwer-
Str.
Hendrik Consciencelaan
Maagdenstraat
Boeveriestraat
Koning Albert
I Laan
Westmeers
Oostmeers
Boeverievest
Buiten
Stationslaan
Koning Albert I Laan
Begijnenvest
Buiten
Kazernevest
Altebijstraat
Buiten
Boninvest
Coupure
Vizier Str.
Violierstr.
Schaarstraat
Boninvest
Oude
Gentweg
Gentpoortvest
Buiten
Blekerijstraat
Generaal Lemanlaan
Van
Steenestr.
Daverlostr.
Wagnerstraat
Hadewijch-
Str.
Vestingstraat
Bargeweg
Baron
Ruzettelaan
Buiten Katelijnevest
Vaartdijkstraat
Spoorwegstr.
Vrijheidsstraat
Wantestraat
N
BRUGES
plan I
0
250 m
Maison-Dieu
Godshuizen

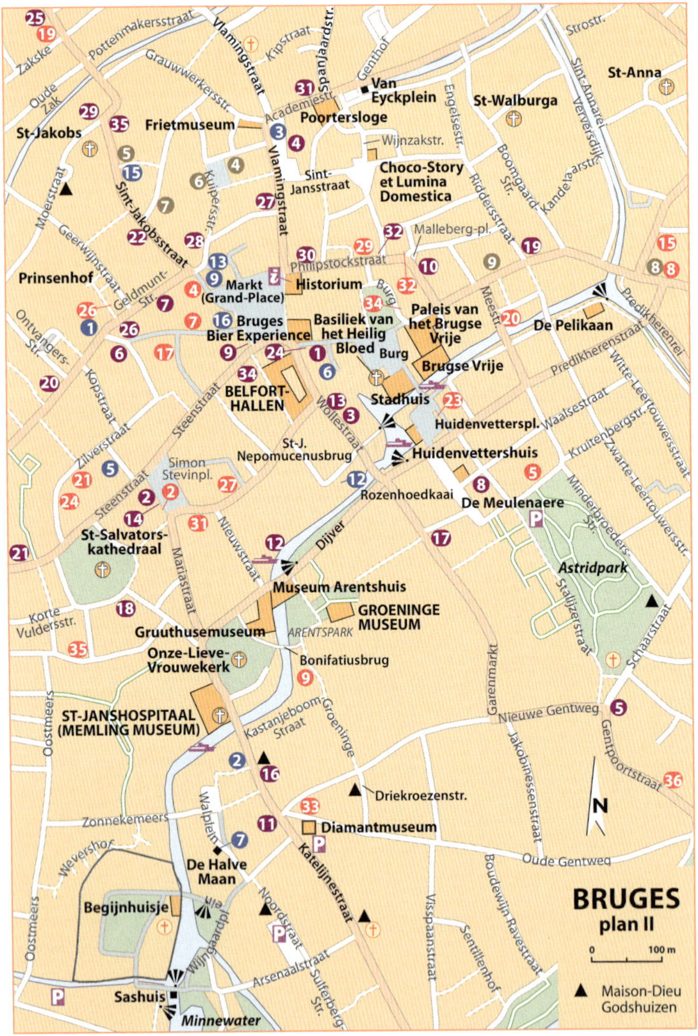
BRUGES
plan II
0
100 m
Maison-Dieu
Godshuizen
N
St-Jakobs
Prinsenhof
Frietmuseum
Van
Eyckplein
Poortersloge
St-Walburga
St-Anna
Choco-Story
et Lumina
Domestica
Markt
(Grand-Place)
Historium
Bruges
Bier Experience
Basiliek van
het Heilig
Bloed
Burg
Paleis van
het Brugse
Vrije
Brugse Vrije
De Pelikaan
BELFORT-
HALLEN
Stadhuis
Huidenvetterspl.
Huidenvettershuis
St-J.
Nepomucenusbrug
Simon
Stevinpl.
Rozenhoedkaai
De Meulenaere
St-Salvators-
kathedraal
Astridpark
Museum Arentshuis
GROENINGE
MUSEUM
Gruuthusemuseum
ARENTSPARK
Bonifatiusbrug
Onze-Lieve-
Vrouwekerk
ST-JANSHOSPITAAL
(MEMLING MUSEUM)
Driekroezenstr.
Diamantmuseum
De Halve
Maan
Begijnhuisje
Sashuis
Minnewater
Pottenmakersstraat
Zakske
Grauwwerkersstr.
Oude
Zak
Vlamingstraat
Kipstraat
Spanjaardstr.
Genthof
Academiestr.
Wijnzakstr.
Engelsestr.
Strostr.
Sint-Annarei
Verversdijk
Boomgaard-
Str.
Kandelaarstr.
Moerstraat
Sint-Jakobsstraat
Kuiperstr.
Sint-
Jansstraat
Riddersstraat
Malleberg-pl.
Geerwijnstraat
Philipstockstraat
Geldmunt-
Str.
Ontvangers-
Str.
Meestr.
Predikherenrei
Predikherenstraat
Witte-Leertouwersstraat
Kopstraat
Steenstraat
Wollestraat
Waalsestraat
Zilverstraat
Kruitenbergstr.
Zwarte-Leertouwersstr.
Minderbroeders-
Str.
Dijver
Nieuwstraat
Mariastraat
Stalijzerstraat
Schaarstraat
Korte
Vuldersstr.
Garenmarkt
Nieuwe Gentweg
Gentpoortstraat
Oostmeers
Kastanjeboom-
Straat
Groeninge
Jakobinessenstraat
Zonnekemeers
Walplein
Katelijnestraat
Wevershof
Oude Gentweg
Boudewijn Ravestraat
Noordstraat
Wijngaardpl.
Arsenaalstraat
Sulferberg-
Str.
Visspaanstraat
Sentillenhof
P

Karmeliet. Le soir, quand les visiteurs d'un jour sont repartis, on se rue dans les théâtres et les centres culturels à la programmation variée et alléchante. Mais soyez sûr d'une chose : qui a la curiosité de s'attarder à Bruges et de « gratter » un peu pour voir ce qui se cache derrière l'apparente réserve de ses habitants sera chaleureusement récompensé !

La mer, si proche

Les cris des mouettes, qui partagent le ciel brugeois avec les corneilles, rappellent la proximité de la mer du Nord et l'ancien statut portuaire de la ville. Prenez le temps de profiter des 67 km de plage unique du littoral belge que l'on découvre après avoir traversé les charmants villages des polders. La mer aux teintes métalliques, la lumière changeante et les nuages qui font la course dans le ciel nettoyé par le vent ont inspiré bien des artistes. Vous passerez des heures à arpenter les dunes, les plages et la promenade d'**Ostende**, qui font oublier le bétonnage du littoral. Ou vous irez à la découverte des murs peints par des artistes à l'occasion du festival « The Crystal Ship ». Nul doute que la journée se terminera devant une casserole de moules ou autre savoureuse spécialité de la mer.

SE RESTAURER
- Amuni 34
- L'Assiette Blanche 29
- Cafedraal 24
- Craenenburg 4
- De Mangerie 27
- Den Amand 7
- Den Gouden Harynck 9
- Den Gouden Karpel 23
- De Stove 17
- L'Estaminet 5
- Kok au Vin 19
- Komtuveu 36
- Lieven 32
- Merveilleux 26
- Le Pain Quotidien 2
- Patrick Devos 21
- Pergola Kaffee 20
- Poules Moules 31
- Refter 15
- Réliva 35
- Rock-Fort 8
- Tanuki 33

PRENDRE UN VERRE
- Bar des Amis 9
- Bar'n 16
- Bourgogne des Flandres 12
- Brugs Beertje 5
- Café Pick 13
- De Garre 6
- De Halve Maan 7
- De Prestige 3
- De Proeverie 2
- De Republiek 15
- Ijssalon Da Vinci 1

SHOPPING
- Bakkerij Schaverbeke 5
- BbyB 6
- Callebert 13
- De Ark van Zarren 12
- De Clerck 31
- De Krokodil 29
- Delvaux 24
- Depot d'O 19
- De Reyghere 9
- De Striep 11
- Dille & Kamille 14
- Diskmuids Boterhuis 7
- Galler 34
- L'Héroïne 20
- Hoet 27
- Juliette's 3
- Kaashuis Den Hof 8
- Kin Gin 25
- Kipling 26
- Knapp Targa 21
- Lee : Loo 22
- Lunabloom 17
- Maison Pickery 1
- Pâtisserie Academie 4
- Pollentier-Maréchal 18
- Raaklijn 28
- Rombaux 10
- Scharlaeken-Handwerk 30
- Serendipity 35
- Sweertvaegher 32
- 't Handwerkhuisje 16
- The Chocolate Line 2

SORTIR
- Charlie Rockets 9
- Cinéma Liberty 6
- Cinéma Lumière 5
- Cultuurcafé Biekorf 7
- De Versteende Nacht 8
- Théâtre municipal (Stadsschouwburg) 4

Le Markt★★

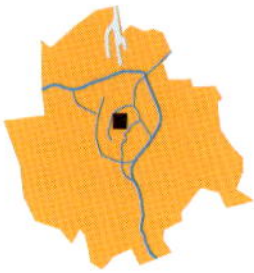

(Grand-Place)

La vie à Bruges se concentre autour du Markt, la Grand-Place trapézoïdale que bordent les halles et les pignons à redans des maisons où siégeaient autrefois les corporations. Symbole de l'autonomie communale, toujours animée, la place est sans cesse traversée par les bus et les calèches. Tandis que les uns font leur marché, patientent pour une « frituur » ou se rassemblent pour fêter un événement, les visiteurs se tordent le cou pour photographier le beffroi-gratte-ciel, vedette séculaire de la ligne d'horizon brugeoise.

▶**Accès** : à éviter en voiture ! Les bus reliant la gare au centre-ville (Centrum) s'y arrêtent, de même que le bus 43 en direction de Damme *(p. 47)*.
Plan de quartier p. 16. Plan détachable D5.
▶**Conseil** : contemplez le Markt de nuit. Ne manquez pas le marché du mercredi.

C'est sur le Markt (marché) que se déroulèrent les événements marquants de la cité : marché dès le 10e s., révoltes, exécutions et... défilés lors des victoires des équipes de football locales.
À l'ouest et au nord de la place, les **maisons à pignon**, datant pour la plupart du 17e s., s'alignent dans une belle harmonie. Remarquez les maisons **Bouchoute** (n° 15) et **Craenenburg** (n° 16), témoins de l'époque bourguignonne (15e s.). La plupart abritent des brasseries dotées de belles terrasses.
À l'est se dressent le **palais provincial**, siège de l'administration régionale, l'**Historium** et la Poste, dont une partie est occupée par le musée de la Bière (*Courir la gueuze p. 132*). Ces trois édifices néogothiques (1890-1921) se tiennent à l'emplacement de la Waterhalle (1294-1787), bâtiment construit à cheval sur la rivière Reie, qui abritait un port couvert avec le chenal navigable et les quais où accostaient les bateaux, ainsi que de la halle aux Draps du 13e s. qui servait au déchargement et au stockage des marchandises. Le canal est aujourd'hui couvert, et les mâts des drapeaux ont remplacé ceux des navires. Ces étendards colorés rappellent avec force l'identité locale, comme le font, au centre de la place, les statues de **Pieter de Coninck** et de **Jan Breydel**, héros de la révolte de 1302, qui entendaient se débarrasser de l'occupant français.

BEFFROI ET HALLES★★★

(Belfort et Hallen)
✆ 050 44 87 43 - 9h30-18h (dernière entrée 17h) - fermé 1er janv., Ascension et 25 déc. - 12 € - gratuit avec la Musea Brugge Card et le museumPASS.
Surmontées du plus imposant beffroi de Belgique (83 m), les halles forment un magnifique ensemble de briques

J. N. Sánchez/age fotostock

Le palais provincial, siège de l'administration régionale.

patinées. La tour massive date du 13e s., mais les tourelles d'angle ont été ajoutées au 14e s. et le dernier étage octogonal à la fin du 15e s. Au-dessus du porche d'entrée, des statues encadrent le balcon destiné aux proclamations municipales.
Si vous vous lancez dans l'ascension du beffroi *(366 marches)*, vous passerez, au 2e étage, par la **salle du Trésor** : derrière les grilles en fer forgé du 13e s. étaient conservés le sceau de la ville et les chartes.
Au-dessus, le mécanisme du **carillon** de 47 cloches se visite. Il joue tous les quarts d'heure, quand il ne produit pas un concert *(horaires saisonniers sur www.carillon-brugge.be)*.
Enfin, du sommet s'offre une **vue★★** remarquable sur l'ensemble de Bruges et des environs. Les **halles**, construites en même temps que le beffroi, furent agrandies aux 14e et 16e s. et forment un quadrilatère enserrant une jolie cour.

HISTORIUM★

Markt 1 - ✆ 050 27 03 11 - www.historium.be - 10h-18h (dernière entrée 16h30) sf 1er janv. 12h-18h - 14 € (billet combiné avec le Groeningenmuseum 22 €) - terrasse panoramique - brasserie, boutique.
Cette attraction aménagée dans l'ancienne halle aux Draps transporte le visiteur au 15e s., âge d'or de la cité portuaire. En suivant les pas du jeune Jacob, apprenti du peintre van Eyck, équipé d'un audioguide, vous revivez

Mélodies célestes

Depuis des siècles, les carillons rythment la vie des citadins. S'ils sont souvent installés dans le clocher d'un édifice religieux (Anvers, Malines), ils peuvent aussi être logés dans le beffroi, comme à Bruges. Le mot carillon vient de « carignon », ensemble de quatre cloches. Ces cloches de tons différents étaient toujours reliées à une horloge (la première horloge publique apparaît au 14ᵉ s.) et on les activait avant la sonnerie de l'heure. Longtemps elles furent frappées à la main au moyen d'un marteau. Mais à la fin du 15ᵉ s. fut créé le premier carillon actionné par le mécanisme de l'horloge. La découverte du clavier joué avec les poings, utilisé pour la première fois en 1510 à Audenarde, permit d'augmenter le nombre de cloches, tandis que l'invention du péer, en 1583 à Malines, autorisa l'emploi de bourdons. Pesant à elles toutes 27,5 tonnes, les 47 cloches du carillon de Bruges ont été réalisées par le fondeur Joris Dumery (1715-1787).

le quotidien de la Bruges médiévale à travers sept salles. Les reconstitutions époustouflantes de précision et les animations interactives (images, sons, odeurs), qui évoquent le commerce, la religion ou encore les arts, sont une grande réussite. Pour terminer, tentez la **Historium Virtual Reality** *(6 €)*. Installé dans une cabine et armé de lunettes 4D, vous vivrez une immersion réaliste dans la Bruges de l'époque.

SINT-JAKOBSSTRAAT

La petite place **Eiermarkt** (ancien marché aux œufs) prolonge le flanc septentrional de la Grand-Place. De ce carrefour de la vie nocturne, où seuls les bars et les cafés ont droit d'enseigne, part la **Sint-Jakobsstraat**, animée par des commerces et le cinéma Liberty. Elle mène au charmant canal Augustijnenrei, que précède l'**église St-Jacques (Sint-Jakobskerk)**★ *(1ᵉʳ avr.-30 sept. : 11h-18h ; 1ᵉʳ oct.-31 déc. : 13h-18h ; 2 janv.-31 mars : vend.-lun. 14h-18h ; fermé 1ᵉʳ janv., 24, 25, 31 déc. - prêt de tablette pour parcours auto-guidé)*. Fondée en 1240, fréquentée par les ducs de Bourgogne et de nombreux marchands étrangers, elle constituait une étape sur la route de St-Jacques de Compostelle. Remaniée à plusieurs reprises jusqu'au 19ᵉ s., elle possède un intérieur baroque. L'église abrite de nombreux trésors, parmi lesquels cinq œuvres figurant sur la prestigieuse liste des chefs-d'œuvre de la communauté flamande. On verra ainsi la **Légende de sainte Lucie de Syracuse** (1480), un panneau anonyme où Bruges sert de décor, **La Glorification de la Vierge**, triptyque du maître du St-Sang (1ᵉʳ quart 16ᵉ s.), l'**Adoration des rois mages**, de Jan van Boekhorst (1666) ou la chapelle funéraire de Ferry de Gros (mort en 1544), bourgmestre de Bruges et trésorier de l'ordre de la Toison d'or *(Histoire de Bruges p. 116)*.
Non loin, au nº 19 de la Naaldenstraat, la **cour Bladelin** *(Hof Bladelin - ouvert uniquement sur RV- 5 €)* est enserrée dans un bel hôtel édifié au 14ᵉ s.

Le Burg★★

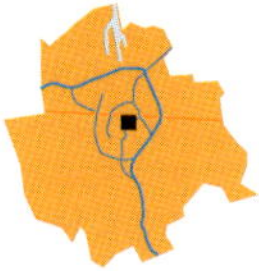

Une place, petite certes mais quelle richesse ! Centre historique de la ville, le Burg tire son nom du château édifié par Baudouin Bras-de-Fer, comte de Flandre au 9e s. S'il ne reste plus qu'un souvenir ténu de ce premier jalon architectural, la place est encadrée par de remarquables monuments : la basilique du Saint-Sang aux origines romanes, l'hôtel de ville gothique, le greffe Renaissance et l'ancien palais de justice… vous tenez là un précis d'architecture.

▶**Accès** : la très courte Breidelstraat relie le Markt au Burg.
Plan de quartier p. 16. Plan détachable E5.
▶**Conseil** : pour ceux que la tradition de la vénération des reliques intriguent, RV à la basilique du St-Sang à 11h30 et entre 14h et 16h.

BASILIQUE DU SAINT-SANG★

(Basiliek van het Heilig Bloed)

✆ 050 44 46 46 (Toerisme Brugge) - visite des chapelles inférieure et supérieure : 9h30-12h30 (11h dim.), 14h-17h30 - fermé 1er janv. - musée : ✆ 050 33 67 92 - www.holyblood.com - musée 2,50 €.

Elle occupe la partie ouest de la place, à droite en arrivant du Markt. Selon la tradition, elle fut construite pour abriter la relique du Sang du Christ, rapportée de Terre sainte par le comte de Flandre, Thierry d'Alsace, (12e s.).

La **chapelle basse★**, ou chapelle St-Basile, (12e s.), a conservé son caractère primitif roman et ses massifs piliers cylindriques. Elle abrite un bas-relief roman du début du 14e s. représentant le baptême du Christ et une Vierge en bois polychrome.

Par un beau portail hors d'œuvre, de transition gothique flamboyant-Renaissance, et un élégant escalier à spirale (16e s.), on accède à la **chapelle du Saint-Sang**. À l'origine romane, elle fut transformée au 15e s. et décorée de peintures murales au 19e s. Remarquez aussi la très belle chaire de 1728. À côté de la chapelle se trouve un petit **musée**. Il contient la châsse du St-Sang (1617), dans laquelle est placée la relique lors de la célèbre procession (*encadré p. 22*), et deux magnifiques volets où Pieter Pourbus a représenté les membres de la confrérie du St-Sang.

HÔTEL DE VILLE

(Stadhuis)

Salle gothique : ✆ 050 44 87 43 - ♿ - 9h30-17h (dernière entrée 16h30) - fermé 1er janv., Ascension (apr.-midi) et 25 déc. - 6 € (incluant la visite du musée du Franc de Bruges) - gratuit avec la Musea Brugge Card et le museumPASS. Élevé entre 1376 et 1420 dans le style gothique flamboyant, l'hôtel de ville fut restauré au 19e s. Sa façade est remarquable par

sa verticalité, qu'accentue la présence de trois tourelles, et par sa riche ornementation.
À l'étage, la **salle gothique** possède une voûte d'ogives lambrissée, ornée de belles clés pendantes aux points de jonction des arcs. Les peintures murales néogothiques (fin du 19e s.) représentent des scènes historiques (*L'architecture du pouvoir p. 120*).

À L'EST DE LA PLACE

Séparé de l'hôtel de ville par la Blinde-Ezelstraat, le bâtiment de Justice de paix, juridiction en charge des affaires civiles et commerciales mineures – l'ancien Greffe (Oude Griffie) – arbore une façade Renaissance aux lignes harmonieuses, agrémentée de trois gracieux pignons à volutes. Il abrite désormais le **musée du Franc de Bruges** et renferme les archives de la ville *(Brugse Vrije - 050 44 87 11 - 9h30-17h - fermé 1er janv., Ascension (apr.-midi) et 25 déc. - 6 €, incluant visite de l'hôtel de ville)*. Par l'ancienne salle des Assises, on pénètre dans la chambre des Échevins (16e s.), où trône la **cheminée du Franc de Bruges★**, exécutée d'après les plans de Lanceloot Blondeel. De style Renaissance, en marbre noir et en chêne, elle est décorée d'une frise d'albâtre racontant l'histoire de Suzanne et les vieillards. La partie supérieure montre plusieurs souverains de Flandre – au centre, Charles Quint, l'épée haute –, les autres sculptures représentant ses aïeux (de gauche à droite, Marie de Bourgogne, Maximilien d'Autriche, Ferdinand d'Aragon et Isabelle de Castille). Les poignées de cuivre au-dessus du foyer permettaient aux échevins de se tenir lorsqu'ils faisaient sécher leurs bottes.
Le **palais de justice** voisin a été bâti au 18e s. dans le style néoclassique à l'emplacement de l'ancien **palais du Franc de Bruges** (*Paleis van het Brugse Vrije*, 1520), lui-même élevé à la place d'un bâtiment plus ancien dont on aperçoit une partie le long du canal à l'arrière. Le Franc de Bruges était une circonscription administrative de Flandre regroupant des territoires et des villes (comme Ostende). Il était administré par un conseil qui siégeait au Burg.

La procession du Saint-Sang

En dehors d'une élite de lettrés, l'homme médiéval ne savait pas lire. Les processions fournissaient un moyen didactique et festif de traiter les thèmes de la Bible. Outre l'évocation des personnages traditionnels, tels les prophètes, les anges ou les apôtres, des chars mettaient en scène des tableaux vivants illustrant des épisodes de l'histoire religieuse. De nos jours, durant la procession du St-Sang, chaque jeudi de l'Ascension, la châsse contenant la relique du St-Sang est portée en procession, précédée par le clergé, des membres des confréries religieuses et des groupes costumés, les uns représentant des épisodes bibliques, depuis le péché d'Adam et Ève jusqu'à la Passion du Christ, d'autres le retour de la deuxième croisade derrière Thierry d'Alsace. *Agenda culturel p. 106.*

Du Markt au Zand

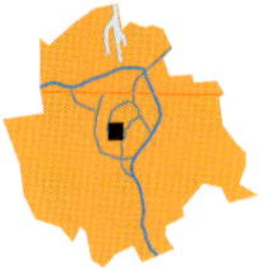

Résidence des riches familles durant des siècles, ce quartier aujourd'hui dédié au shopping recèle aussi quelques perles architecturales. Parfait pour flâner avant d'aller au marché sur le Zand ou de prendre un verre sur Simon Stevinplein.

▶**Accès** : à l'ouest du Markt, jusqu'aux limites du centre historique. Le Markt comme le Zand sont traversés par de nombreuses lignes de bus de/vers la gare. ***Plans de quartier p. 15 et p. 16. Plan détachable D5-C6.***

Les commerces se succèdent le long de Steenstraat, Zuidzandstraat et Geldmuntstraat. Si vous préférez l'architecture, voyez la jolie rue **Oude Burg** et le fastueux **Prinsenhof** (15e s.), palais des comtes de Flandre puis des ducs de Bourgogne, transformé en hôtel 4 étoiles.

CATHÉDRALE SAINT-SAUVEUR★

(St-Salvatorskathedraal)

✆ 050 33 61 88 - lun.-vend. 10h-13h, 14h-17h30, sam. 10h-13h, 14h-15h30, dim. 11h30-12h, 14h-17h - fermé pdt offices, 1er janv., 10 mai, 24 et 25 déc. Construite entre le 12e et le 16e s., remaniée au 19e s., la cathédrale d'aspect gothique est le siège de l'épiscopat de Bruges. La nef élancée ouvre sur un chœur surmonté d'un triforium et de hautes fenêtres (13e s.). Les **stalles** (15e s.) sont ornées d'armoiries des chevaliers de la Toison d'or. Un Dieu le Père sculpté par Artus Quellin le Jeune bénit les fidèles du haut de la **tribune baroque** (17e s.), sous le buffet d'orgues (1719). Chaire sculptée par Hendrik Pulinx (18e s.).
Schatkamer (Trésor) – *Tlj sf sam. 14h-17h - fermé 1er janv., 10 mai, 24 et 25 déc.* La collection d'objets d'art compte le *Triptyque du martyre de St-Hippolyte* peint par Dirk Bouts (panneau de droite) et Hugo van der Goes (panneau de gauche) (15e s.) et le *Triptyque de la Cène* de Pieter Pourbus (1559).

'T ZAND

Jadis étendue sableuse dédiée aux rassemblements, ayant accueilli la première gare (1855-1939), le Zand (« sable ») est la place la plus animée de la ville. On n'y vend plus de bestiaux depuis 1950, mais un marché s'y tient le samedi. Les terrasses donnent sur une fontaine (1986, S. Depuydt et L. Canestraro).
Concertgebouw – Poumon culturel de Bruges, il abrite des salles de concert *(p. 83)*, l'office de tourisme, un café et le **Concertgebouw Circuit** *(tlj sf lun.-mar. 14h-18h, dim. 10h-18h - 8 € - www.concertgebouw.be)*. Au sommet du bâtiment (belle vue), cet espace interactif invite à expérimenter les sons et à créer sa propre musique.

Le long du Dijver★★★

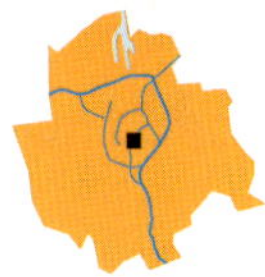

Non loin des imposants bâtiments du Markt et du Burg, ce canal étroit bordé de façades de briques aux tons chauds délivre sans parcimonie des points de vue sur ses tours, tourelles, clochers, minuscules ponts, jardinets fleuris et ruelles pavées. Non content de concentrer les vues pittoresques de la cité médiévale, le quartier rassemble deux des plus beaux musées de la ville où admirer l'art délicat des primitifs flamands : van Eyck, Memling et les autres.

▶**Accès** : du Markt, la Wollestraat au sud mène à ce quartier par le pont St-Jean. Du Burg, on passe le Dijver par le passage de la rue Blinde-Ezelstraat.
Plan de quartier p. 16. Plan détachable E-F/5-C-D-E/6.
▶**Conseil** : le week-end, ne manquez pas la brocante sous les tilleuls du Dijver.

LE DIJVER★★

Du Burg, le passage de la Blinde-Ezelstraat s'inscrit sous la belle voûte sculptée entre l'hôtel de ville et l'ancien Greffe (*p. 22*). On admire en se retournant les pignons et tourelles du palais du Franc de Bruges avant de franchir le canal Dijver, ici bien étroit. Le petit pont aboutit au **Vismarkt** (marché aux poissons). Les produits de la mer étaient jadis vendus sur le Markt, mais leur fumet envahissant obligea les vendeurs à s'établir ici. Aujourd'hui modestes, les étals du marché *(mar.-sam. 8h-13h)* n'en rappellent pas moins la proximité de la mer du Nord.
À la sortie du pont, à gauche, s'ouvrent les quais ombragés **Steenhouwersdijk** puis **Groenerei**. À l'extrémité de ce dernier se trouve la maison-Dieu (*p. 123*) **du Pélican** *(De Pelikaan, Groenerei 8)*, édifice bas à hautes lucarnes de 1714, portant un emblème à l'effigie du pélican. Belle **vue** sur le canal, le beffroi et la flèche de l'église Notre-Dame.
Retournez sur vos pas le long de Steenhouwersdijk et gagnez la charmante **place des Tanneurs** *(Huidenvettersplein)* où se dresse une réplique (20e s.) d'une colonne portant l'emblème des tanneurs *(huidenvetters)* : deux lions tenant un écu. La puissante corporation pratiquait son activité sur la place, qui pouvait être fermée par de lourdes portes, et siégeait dans la belle maison (**Huidenvetterhuis**, 1450 et 1630) qui domine l'endroit.
En débouchant sur le **quai du Rosaire** *(Rozenhoedkaai)* voisin, on embrasse une des **vues**★★ les plus caractéristiques de Bruges. Tandis que se dessine la haute toiture de la chapelle du Saint-Sang (*p. 21*), le beffroi se détache à gauche.

Le charmant quai ombragé du Groenerei.

Vers le sud, le canal mène au musée Groeninge (*ci-dessous*). En passant, vous laissez à droite le **pont St-Jean Népomucène** *(St-J. Nepomucenusbrug)* qui franchit le canal Dijver, surmonté de la statue du saint, protecteur des ponts. À l'extrémité de ce quai bordé de tilleuls, autre **vue★★** ravissante sur le **pont St-Boniface** et le porche du musée Gruuthuse devant la flèche de l'église Notre-Dame (*p. 28*).

MUSÉE GROENINGE★★★

(Groeningemuseum)

Dijver 12 - 050 44 87 43 - www.visitbruges.be/fr/groeningemuseum-musee-groeninge - ♿ - tlj sf lun. 9h30-17h - fermé 1er janv. et 25 déc. - 12 € (inclus l'accès à l'Arentshuis) - gratuit avec la Musea Brugge Card et le museumPASS.

À visiter après avoir parcouru la ville pour mieux apprécier les vues de Bruges en toile de fond des peintures.

Le musée Groeninge a été créé en 1929-1930 à l'emplacement de l'abbaye Eekhout, laquelle bordait un quartier qui portait déjà le nom de « Groeninge » au 13e s.

S'il propose un panorama de la peinture dans les Pays-Bas méridionaux depuis le 15e s., c'est surtout la collection des **primitifs flamands** qui retient l'attention, notamment deux superbes œuvres de **Jan van Eyck**. La première, *La Vierge du chanoine van der Paele* (1436), frappe par l'éclat de ses couleurs et son extrême minutie. On retrouve son sens de la psychologie dans le *Portrait de Marguerite van Eyck*, où il évoque la dignité bourgeoise et le sens du devoir de son épouse. Son caractère un peu bourru aussi ?... Quarante ans plus tard, **Hugo van der Goes**, qui a médité la leçon de son aîné, livre avec la *Mort de la Vierge* un de ses derniers tableaux, dont l'intensité dramatique fait écho aux ultimes années du peintre, entre son engagement religieux et ses accès de folie. Issu de la même génération, l'Allemand **Hans Memling**, formé à Cologne et installé à Bruges, peint le célèbre *Triptyque Moreel* en 1484 pour Willem Moreel et son épouse Barbara van Vlaenderberch. Cette œuvre, dont le panneau central représente saint Christophe, saint Maur et saint Gilles,

Le bulletin de santé du chanoine

On ne peut être que frappé par le sens du détail dont a fait preuve Jan van Eyck dans sa représentation du chanoine van der Paele, commanditaire du fameux tableau où il figure. Le peintre ne lui fait grâce d'aucune ride, d'aucune verrue... Sa fidélité à la réalité a permis à un médecin du 21e s. de reconstituer l'état de l'homme qui ne brille pas par sa santé. Artères visibles aux tempes, mains enflées, position tordue de la main gauche, tissus cicatriciels sur le visage : aucun doute possible, notre homme souffre d'arthrite, de problèmes cervicaux et de polymyalgie rhumatismale. Il est aussi atteint de lagophtalmie (incapacité à fermer complètement les paupières) et de presbytie, ce que confirment ses lunettes ! Vieux et malade, le chanoine est alors âgé de 68 ans et s'éteindra en 1443.

est empreinte de mysticisme, de paix intérieure et de recueillement, qualités emblématiques de l'œuvre du peintre. Peintre du Nord, **Gérard David** est né vers 1460, soit une génération après Memling, celle qui est considérée comme la dernière des primitifs flamands. Installé en 1484 à Bruges, il est représenté par un diptyque, le *Jugement de Cambyse*, qui montre un raffinement subtil dans l'art de châtier les juges prévaricateurs, et un *Baptême du Christ*, dont les personnages impassibles sont intégrés dans un paysage soigné. L'art du paysage est un des apports importants des peintres du Nord à la peinture européenne de la Renaissance.

Une partie de la collection est consacrée à la peinture brugeoise postérieure à Gérard David. On remarque notamment des œuvres d'Isenbrant, de Blondeel et de Provost, qui trahissent une influence italianisante. Membre éminent de la guilde de St-Luc, **Pieter Pourbus** est l'un des peintres brugeois les plus importants du 16ᵉ s. Outre des scènes religieuses, comme le flamboyant *Jugement dernier*, il a laissé des portraits d'une grande délicatesse (*Jan van Eyewerve* et *Jacquemyne Buuck*).

Le **néoclassicisme** est représenté par des toiles de François Kinsoen et de Joseph Suvée, qui mena sa carrière à Paris à la fin du 18ᵉ s.

Fernand Khnopff, qui a passé son enfance à Bruges, est l'auteur du mystérieux *Secret-Reflet*, où l'on aperçoit, dans la partie inférieure, une façade latérale de l'hôpital St-Jean.

Le musée conserve aussi des œuvres de **Rik Wouters** *(Soucis domestiques)* et une importante collection d'expressionnistes flamands, dont une monumentale et dense *Dernière Cène* de G. van de Woestijne et le *Mangeur de bouillie* de Constant Permeke.

MUSÉE ARENTSHUIS

(Museum Arentshuis)

Dijver 16 - ✆ 050 44 87 43 - tlj sf lun. 9h30-17h - fermé 1er janv. et 25 déc. - 6 €; billet Groeninge-Arentshuis 12 € - gratuit avec la Musea Brugge Card et le museumPASS.

Aquilin Arents de Beerteghem, le dernier propriétaire, a donné son nom à cet hôtel particulier néoclassique du dernier quart du 18ᵉ s.

À l'étage, sont présentées les œuvres de l'artiste britannique **Frank Brangwyn** (1867-1956). Né à Bruges où ses parents s'étaient installés, il a légué à sa ville natale une bonne partie de ses œuvres en 1936.

Artiste complet et grand voyageur, Brangwyn était peintre, aquarelliste, graveur, designer. Il a travaillé avec William Morris, l'un des inspirateurs du mouvement Arts & Crafts, et a conçu meubles, vitraux, céramiques, textiles... On découvre ici un échantillon de son travail, comme cette série sur les métiers et les paysages de Belgique.

En face se trouve la boutique centrale des musées communaux *(mar.-dim. 10h-18h)*.

Le rez-de-chaussée accueille des expositions temporaires, en relation avec le musée Groeninge.

Le pont Saint-Boniface et le chevet de l'église Notre-Dame.

PONT SAINT-BONIFACE

(Bonifatiusbrug)

On franchit ce pont en dos d'âne dans un **cadre★★** délicieusement poétique. Le buste de Juan-Luis Vives évoque l'humaniste espagnol du 16e s. qui finit ses jours à Bruges.

MUSÉE GRUUTHUSE★★

(Gruuthusemuseum)

Dijver 17 - ✆ 050 44 87 43 - fermé. pour travaux, réouverture prévue au printemps 2019.

Dans le palais gothique de Gruuthuse était levé à l'origine le droit de « grute » – un mélange de fleurs et de plantes séchées que l'on ajoutait à l'orge ou au froment et qui servait au brassage de la bière. Restaurée au 19e s. dans un style néogothique, la vaste demeure du 15e s. est construite en briques rousses.

Le luxueux palais héberge une collection d'objets qui témoignent de la vie locale entre les 15e et 19e s. et forment un intéressant **musée des Arts décoratifs**. Avec ses tapisseries, son impressionnante cheminée et ses poutres richement décorées, la **salle d'honneur** en constitue l'un des principaux attraits. Dans l'une des 22 salles, remarquez le **buste de Charles Quint★** (1520), alors âgé de 20 ans, attribué au sculpteur allemand Konrad Meit. L'**oratoire** (1472) en bois de Louis de Gruuthuse permettait un accès direct au chœur de l'église Notre-Dame. Chevalier de l'ordre de la Toison d'or, ce conseiller de Charles le Téméraire et de Marie de Bourgogne fut un diplomate fort apprécié. Très belle **vue★** sur les environs à partir de la terrasse.

ÉGLISE NOTRE-DAME★★

(Onze-Lieve-Vrouwekerk)

☎ 050 44 87 11 - lun.-sam. 9h30-17h, dim. et j. fériés 13h30-17h - fermée le 1er janv. - en travaux jusqu'à fin 2019-déb. 2020, reste ouverte à la visite.
Cette église gothique (13e s.) est remarquable pour sa **tour★★** élancée de 122 m, qui brise radicalement la ligne d'horizon brugeoise, au côté du beffroi et de l'église St-Sauveur. Parmi les trésors qu'elle renferme, voyez dès l'entrée la sculpture en marbre blanc de **Michel-Ange, La Vierge et l'Enfant★★**, placée sur un autel à l'extrémité du bas-côté droit. C'est l'une des rares œuvres de l'artiste hors d'Italie. Elle était destinée à l'autel de la cathédrale de Sienne, mais fut achetée par des notables de Bruges qui l'offrirent à l'église.
Chœur – *Entrée : 6 €, gratuit avec la Musea Brugge Card et le museumPASS.* Dans le chœur ont été découverts plusieurs caveaux funéraires ornés de fresques, parmi lesquels le mausolée de Charles le Téméraire et le **tombeau★★** gothique de sa fille, Marie de Bourgogne, morte à 25 ans, dessiné en 1498 par Jan Borman. Le gisant est remarquable avec son visage juvénile, son cou gracile, ses mains longues et fines aux doigts fuselés, tandis que le soubassement est orné des armoiries de ses ascendants. Au maître-autel, *Le Triptyque de la Passion* de Bernard van Orley. Le déambulatoire abrite la **Vierge aux sept douleurs**, chef-d'œuvre d'Isenbrant (16e s.). On admire également des œuvres de Gérard David et de ses élèves, de Pieter Pourbus et un *Christ en croix* peint par van Dyck.

HÔPITAL SAINT-JEAN (MUSÉE MEMLING)★★★

Sint-Janshospitaal (Memling Museum)

Mariastraat 38 - ☎ 050 44 87 43 - ♿ - tlj sf lun. 9h30-17h - fermé 1er janv., Ascension (apr.-midi) et 25 déc. - 12 € - gratuit avec la Musea Brugge Card et le museumPASS.
Fondé au 12e s. et destiné aux pauvres, aux gens de passage et aux pèlerins, l'hôpital St-Jean a fonctionné en tant qu'institution médicale jusqu'en 1971. C'est le plus ancien de la ville, l'un des plus anciens conservés en Europe, et l'un des plus beaux. Placé sous le vocable de Jean l'Évangéliste, que rejoindra par la suite saint Jean-Baptiste, véritable ville dans la ville, il s'étendait sur 3 ha, regroupant nombre de bâtiments (salle des malades, couvent des frères, des sœurs, cimetière, écuries, granges, jardins, brasserie...), dont beaucoup ont disparu au fil des siècles. On visite aujourd'hui ce qui reste du complexe, superbement restauré, et surtout les **anciennes salles des malades** qui abritent des œuvres d'art et des objets illustrant notamment l'**histoire hospitalière**.

Plusieurs tableaux permettent de comprendre la fonctionnalité du lieu avec ses longues rangées de lits. On imagine les sœurs s'affairant auprès des malades qui recevaient ici des soins pour leur corps aussi bien que pour leur âme. Instruments médicaux et ustensiles variés complètent l'exposition. Le lieu est surtout célèbre pour les six œuvres de **Hans Memling** qu'il abrite, dont plusieurs furent des commandes de l'hôpital. Ainsi, le **Triptyque des deux saint Jean** (1479) représente, sur le panneau central, la Vierge et l'Enfant Jésus glissant un anneau au doigt de sainte Catherine (mariage mystique), en compagnie de sainte Barbe. Jean-Baptiste et Jean l'Évangéliste, dont on aperçoit des scènes de la vie entre les colonnes du sanctuaire central, sont présents à leurs côtés et repris dans les panneaux latéraux : décollation de saint Jean-Baptiste à gauche; saint Jean dans l'île de Patmos à droite. Le **Triptyque de la Déploration du Christ** (1480), exécuté à la demande de frère Adrien Reins, moine de l'hôpital, montre ce dernier à genoux sur le volet gauche, en compagnie de saint Adrien (et son enclume), tandis que figure sainte Barbe (et sa tour) sur le volet droit. La chapelle abrite également le **Triptyque de Jan Floreins** (1479) et son superbe panneau central représentant l'Adoration des Mages, l'éthéré **Portrait d'une jeune femme**, (1480), diaphane et énigmatique, et le **Diptyque de Maarten van Nieuwenhove** (1487) avec le portrait du donateur et une Vierge à l'enfant. Le clou de la collection est sans aucun doute la **Châsse de sainte Ursule** (1489), reliquaire en bois dont le décor à l'huile décrit la vie et le martyre de la sainte, jeune chrétienne bretonne transpercée de flèches par les Huns à Cologne, en compagnie de 11 000 autres vierges.

Tous ces trésors ne doivent pas faire oublier pour autant les autres œuvres exposées, notamment la **Châsse de sainte Ursule « pré-eyckienne »**, datée du début du 15e s., que remplacera par la suite celle de Jan van Eyck. On verra

Qui soigne quoi ?

Depuis le Moyen Âge, l'aide aux malades est du ressort des médecins, des chirurgiens et des barbiers, auxquels s'ajoutent les sages-femmes. Seuls les premiers ont reçu une formation universitaire. Ils travaillent en « privé », soignent les frères et les sœurs de l'hôpital St-Jean, et certains malades hospitalisés moyennant finance. Ils établissent des diagnostics, des pronostics et des ordonnances. À partir du 16e s., les chirurgiens reçoivent aussi une formation et sont nommés par la Ville. Ils laissent les opérations bénignes aux barbiers, lesquels n'auront plus le droit de pratiquer la chirurgie dans le courant du 18e s. Quant aux sages-femmes, leur formation repose, au moins jusqu'à la fin du 17e s., surtout sur leur expérience...

J. De Meester/ArTerra Picture Library/age fotostock

Le Mariage mystique de sainte Catherine, triptyque de Hans Memling.

aussi des œuvres d'artistes du 17e s., en particulier de **Jacob van Oost**, considéré comme le grand peintre brugeois de l'époque (il était d'ailleurs peintre officiel de la ville), et un bel ensemble de sculptures, dont un ravissant **Polyptique avec Notre-Dame et des scènes religieuses**, en ivoire (2de moitié du 15e s.). Voisin du portail occidental, un petit escalier en colimaçon mène aux **greniers** qui conservent une impressionnante charpente gothique en chêne (13e s.). À l'arrière, le petit cloître abrite la pharmacie (17e s.), avec son important collection de jarres et de bocaux. Les bâtiments du 19e s. hébergent un vaste espace d'exposition, Xpo Center Bruges.

Xpo Center Bruges – *✆ 050 47 61 00 - https://xpo-center-bruges.be - nov.-juin : 10h-17h ; juil.-oct. : 10h-18h - fermé janv.-fév. - exposition temporaire : 14 € ; exposition Picasso : 10 €.*

Une exposition permanente présente quelque 300 œuvres originales de **Pablo Picasso** (1881-1973) dont une grande partie provient de collections particulières et qui n'ont jamais été montrées. Sont dévoilées des céramiques ainsi que l'œuvre graphique (gravure, eau-forte, linogravure, aquatinte...) de Picasso. Des expositions temporaires sont également programmées.

Autour du Béguinage★★

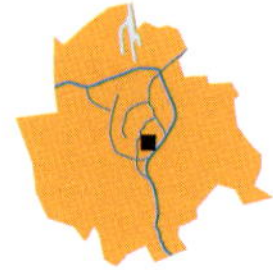

Lieu de quiétude et de silence, le Béguinage de Bruges, à l'instar de ses nombreux cousins flamands, abritait jadis les femmes célibataires et les veuves. Vous tomberez forcément sous le charme de cette clairière urbaine plantée de jonquilles et d'arbres aux lignes souples, délimitée par d'adorables maisonnettes blanches. Le Minnewater voisin, carte postale de la Bruges romantique, une bière un peu folle et les calmes maisons-Dieu valent également de s'attarder au sud du centre historique.

▶ **Conseil** : proche de la gare, le Béguinage peut être visité dès votre sortie du train. Pour profiter du calme du lieu, privilégiez l'aube et l'heure de fermeture. ***Plans de quartier p. 15 et p. 16. Plan détachable D-E/7.***

KATELIJNESTRAAT ET LES MAISONS-DIEU★

Katelijnestraat prolonge Mariastraat et relie l'église Notre-Dame au pont Katelijnebrug. Sont ici concentrés boutiques de souvenirs et chocolatiers.

Musée du Diamant *(Diamantmuseum) – Katelijnestraat 43 - ✆ 050 34 20 56 - www.diamondmuseum.be/fr - 10h30-17h30 - fermé 1er janv., les 2e et 3e sem. de janv. et 25 déc. - 8 € (11 € avec démonstration de taille de diamant tlj 12h15 et 15h15 ; en sem. de nov. à mars seult 12h15 ; billet combiné avec Choco-Story 14 €).* Où l'on découvre Bruges comme le plus ancien centre diamantaire du continent, actif dès le 15e s. Vous comprendrez également les particularités physiques du diamant ainsi que la manufacture et l'usage du diamant industriel.

Dans le « Labo Diamant », le visiteur est encouragé à toucher pour ainsi mieux appréhender les différentes propriétés de cette pierre précieuse : brillance, couleur, diamètre, pureté, poids, etc.

Maisons-Dieu – Le quartier compte plusieurs ensembles d'habitations construits par charité dès le Moyen Âge (*Maisons-Dieu et béguinages p. 123*). On peut librement, à condition de rester discret, profiter des jardins paisibles qu'entourent les petites maisons aux façades blanchies à la chaux. Parmi les maisons-Dieu du quartier, voyez la plus ancienne *(Katelijnestraat 9-19)*, datant de 1330, et **De Meulenaere**★ *(Nieuwe Gentweg 8-22)* aux 24 maisonnettes édifiées en 1613. Dans la Driekroezenstraat voisine, **Weem**, fort paisible, date de 1654. Enfin, dans Noordstraat, aux nos 6-14, remarquez la maison-Dieu **De Vos**.

Les maisons-Dieu De Meulenaere.

E. Rooney/Robert Harding Picture Library/age fotostock

Le Béguinage.

LE BÉGUINAGE★★

(Begijnhof Ten Wijnegaarde)

Tlj 6h30-18h30. Le « béguinage de la vigne » fut fondé en 1245 par Marguerite de Constantinople, comtesse de Flandre. Ce lieu emblématique de Bruges s'ouvre près du canal par un portail monumental (1776). Autour d'un vaste rectangle de verdure irrigué par un ruisseau, semé de jonquilles au printemps et planté de grands arbres, l'église en brique du 17e s. et les maisons blanches des béguines forment un enclos paisible. Le site est particulièrement contrasté entre ces tilleuls hauts et majestueux et la modestie des habitations. Les bénédictines qui ont remplacé les béguines en 1926 en ont gardé l'habit. Elles ne sont aujourd'hui plus que sept, tandis qu'une cinquantaine de laïques occupent certaines des maisons, divisées en appartements.

Maison de béguine *(Begijnhuisje) – ✆ 050 33 00 11 - ♿ - tlj 10h-17h - 2 €.* En traversant la cuisine et les chambres aux meubles rustiques de cette maison, qui dévoile la vie quotidienne des béguines, on parvient à un petit cloître avec un puits de brique. *Maisons-Dieu et béguinages p. 123.*

MINNEWATER

Voici le fameux **lac d'Amour**, l'un des bassins de l'ancien port

qu'affectionnent aujourd'hui les cygnes majestueux. Son nom et son surnom font référence à la triste histoire d'amour de Minna, fille d'un pirate saxon qui reposerait en ces lieux. La légende veut que son amant ait détourné un ruisseau afin de former un lac au-dessus de sa tombe. Les deux ponts menant au Béguinage offrent une belle vue sur la charmante **maison éclusière** *(sashuis)*. À droite, on remarque la **Poertoren**, une tour où était entreposée la poudre à canon. Au sud, admirez le **Bargebrug**, beau spécimen d'architecture asymétrique qui enjambe le canal.
Dans le parc, grand festival de musique en juillet : Cactus Festival *p. 107.*

AUTOUR DU PARC ASTRID

Du Minnewater à **Coupure**, bassin portuaire toujours actif où flottent diverses embarcations, s'étend un quartier résidentiel calme et attachant. Ici, les boutiques de souvenirs cèdent la place aux commerces de proximité et aux estaminets populaires. On s'y promène de rue en rue, en traversant l'agréable **parc de la Reine Astrid** *(Astridpark)*. Il doit son nom à Astrid de Suède (1905-1935), qui épouse en 1926 le futur roi Léopold III. Elle meurt tragiquement dans un accident le 29 août 1935 en Suisse.
À voir aussi, la solide **porte de Gand** *(Gentpoort - tlj 9h30-12h30, 13h30-17h - fermé 1er janv. et 25 déc. - 4 € - gratuit avec la Musea Brugge Card et le museumPASS)*, l'une des quatre portes médiévales subsistant dans la cité. Un peu plus au nord, le **pont de Conzett** *(Conzettbrug)*, réalisé par le Suisse Jürg Conzett en 2002, enjambe le canal de la Coupure.
Un peu à l'écart de Langestraat, le long du canal, les amateurs d'architecture contemporaine admireront le siège des **Archives de l'État** *(Rijksarchief sur Predikherenrei)*. Aménagée à la fois dans une nouvelle construction et un ancien monastère dominicain restauré, cette réalisation très réussie se compose de brique rugueuse et de verre. L'ensemble architectural rappelle d'ailleurs une pile de feuilles de papier.

Bruges-la-Morte, « dans l'atmosphère muette des eaux et des rues inanimées »

Au tout début de l'histoire de la Belgique indépendante naît une littérature nationale qui se démarque des Lettres françaises. On n'hésite plus à parler de son pays, à en utiliser les particularismes linguistiques. En 1892, le Tournaisien ***Georges Rodenbach*** *(1855-1898), également connu pour son recueil des « Vies encloses », publie son roman « Bruges-la-Morte », vite considéré comme un chef-d'œuvre du symbolisme. Bruges en est le personnage central, nostalgique, hors du temps, vivant dans une torpeur permanente. Une ville ô combien mystérieuse. Peu appréciée des locaux, cette description contribuera pourtant à la notoriété de la cité...*

Sainte-Anne et les moulins★

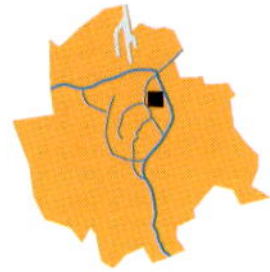

Plus aérée que le cœur historique ou le quartier St-Gilles, la partie orientale de la cité correspond à la « Bruges tranquille ». Ste-Anne fut longtemps le territoire des plus démunis, mais aussi des fameuses dentellières, d'un célèbre poète de langue flamande – Guido Gezelle – et de la guilde des archers. Ses rues paisibles et ses maisons à jardinet sont désormais recherchées. Elles vivent sous la protection d'églises remarquables et des derniers moulins à vent de la ville.

▶**Accès** : Langestraat prolonge Hoogstraat et relie le Burg à Kruispoort.
Plan de quartier p. 15. Plan détachable F-G-H/1-2-3-4.
▶**Conseil** : un quartier idéal pour échapper à la « pression » touristique.

QUARTIER STE-ANNE★

Jadis occupé par des familles ouvrières, dont les femmes en quête de revenus devinrent des orfèvres en dentelle, ce quartier de brasseries et de maisons à jardinet attira peu à peu la bourgeoisie en manque d'espace.

Église Ste-Anne *(Sint-Annakerk)* – Bâtie au 17e s. dans le style gothique, elle possède un intérieur dont la richesse tranche avec la sobriété de sa façade élancée. L'unique nef est agrémentée d'un beau mobilier baroque : jubé, confessionnaux, chaire et nombreux tableaux de l'école brugeoise (17e s.). C'est ici que Guido Gezelle fut baptisé et qu'il fit sa première communion *(☞ p. 39)*.

Musée de la Vie populaire★ *(Volkskundemuseum) – Balstraat 43 - ☎ 050 44 87 43 - tlj sf lun. 9h30-17h - fermé 25 déc. et 1er janv. - 6 €, billet combiné avec le Centre de la Dentelle 10 € - gratuit avec la Musea Brugge Card et le museumPASS.* Au n° 40 du Rolweg, l'enseigne « Au Chat noir » *(Zwarte Kat)*, nom d'un estaminet, indique l'entrée du musée. Des collections d'objets usuels et d'outils sont présentées dans les charmantes maisons-Dieu édifiées au 17e s. par la corporation des cordonniers. Des reconstitutions d'intérieurs, dont une salle de classe des années 1920, une pharmacie du 19e s., une épicerie, mais aussi des ateliers, dont une confiserie, évoquent le folklore et les traditions de la Flandre occidentale.

Église de Jérusalem *(Jeruzalemkerk) – Peperstraat 3 - tlj sf dim. 10h-17h - fermé j. fériés.* À l'angle de Balstraat s'élève la tour-lanterne de l'église de Jérusalem, édifiée au 15e s. par des commerçants originaires de Gênes, dont les **Adornes**, ralliés au comte de Flandre et arrivés à Bruges à sa suite au 13e s. Plusieurs membres de la famille ayant fait le pèlerinage en Terre sainte, ils voulurent que le plan de l'église brugeoise s'inspire du St-Sépulcre

La porte Sainte-Croix (Kruispoort).

de Jérusalem. Aussi le tombeau du Christ a-t-il été reconstitué dans la crypte, et sur le retable de l'autel figurent les instruments de la Passion. Des portraits des Adornes sont représentés sur les vitraux du 16e s. Dans les maisons-Dieu, une modeste exposition retrace l'histoire du plus illustre d'entre eux : Anselme, dont le corps est enterré en Écosse, mais le cœur conservé dans la chapelle.

Centre de la Dentelle *(Kantcentrum) – Balstraat 16 - ✆ 050 33 00 72 - www.kantcentrum.eu - tlj sf dim. 9h30-17h - démonstrations : 14h-17h - fermé dim. et j. fériés - 6 €, billet combiné avec le Musée de la Vie populaire 10 €.* Dans l'ancienne école de Dentelle rénovée, proche de l'église de Jérusalem, sont aménagés un intéressant musée, une boutique et des ateliers où sont proposés cours et démonstrations.

Point de fée p. 130.

LE « COIN PERDU »

Langestraat mène au *Verloren Hoek* (coin perdu). Jadis pauvre et mal famé, ce lieu est apprécié pour son paysage dégagé et ses moulins à vent.

Porte Ste-Croix *(Kruispoort)* **et moulins** – La promenade est agréable autour de la porte Ste-Croix, percée dans les remparts. Au nord s'élèvent quatre des trente moulins à vent sur pivot que comptait la ville au 16e s. Le plus au sud, **Bonne Chieremolen** (1888), offre une belle vue sur les environs. Son voisin, **St-Janshuismolen** (1770), abrite un petit musée *(✆ 050 44 87 43 - avr.-sept. : tlj sf lun. 9h30-12h30, 13h30-17h - fermé Ascension (apr.-midi) - 4 € entrée au Koeleweimolen inclus - gratuit avec la Musea Brugge Card et le museumPASS)*. Le troisième, **De Nieuwe Papegaai**, provenant de la région de l'Yser, a été reconstruit ici en 1970. Le plus au nord, **Koeleweimolen** *(juil.-août, mêmes horaires)*, transporté en 1911 d'Olsene, fonctionne encore.

Musée Guido-Gezelle *(Guido Gezellemusem) – ✆ 050 44 87 43 - tlj sf lun. 9h30-12h30, 13h30-17h - fermé 25 déc. et 1er janv. - 4 € - gratuit avec la Musea Brugge Card et le museumPASS.*
Entre les deux premiers moulins se trouve la maison natale (16e s.) de ce poète (1830-1899), l'un des plus connus de Flandre. À travers des livres, des photos ainsi que des objets personnels, on découvre sa vie et son œuvre, qui aborde la nature, la religion, l'amitié, la tradition et le renouveau. Ne manquez pas le charmant jardin et son potager. Expositions temporaires aussi.

Guilde des archers de St-Sébastien *(Schuttersgilde St-Sebastiaan) – Carmersstraat 174 - ✆ 050 33 16 26 - www.sebastiaansgilde.be (en néerlandais) - avr.-sept. : mar., merc., jeu. 10h-12h, sam. 14h-17h ; reste de l'année : mêmes jours 14h-17h - 3 €.*
Dans un bel ensemble architectural des 16e et 17e s. sont conservés des portraits des « rois » de la guilde fondée il y a 600 ans, ainsi qu'une collection d'orfèvrerie. ➲ *Guildes et corporations p. 136.*

Couvent anglais *(Engels Klooster) – Carmersstraat 83/85 - ne se visite pas.*
Après l'instauration de l'anglicanisme par Henri VIII, de nombreux catholiques s'exilèrent. Construit en 1629, ce couvent abrite toujours une communauté de sœurs augustines. La chapelle à coupole date du 18e s.

MUSÉE-HÔPITAL NOTRE-DAME-DE-LA-POTERIE

(O.-L.-V. ter Potterie – Hospitaalmuseum)

Potterierei 79B - ✆ 050 44 87 43 - tlj sf lun. 9h30-12h30, 13h30-17h - fermé 1er janv. et 25 déc. - église gratuit, musée 6 €, gratuit avec la Musea Brugge Card et le museumPASS.
Pour l'atteindre, rejoignez le **canal de la Reie** (bordé par Langerei et Potterierei), lequel correspond à la rivière endiguée qui pénétrait dans la ville. Ses ponts, dont le charmant **Duinenbrug** (pont des Dunes), basculant, offrent de belles vues.
Mentionné pour la première fois en 1276, l'hôpital est certainement plus ancien. Il doit son nom aux potiers qui travaillaient dans le quartier.
Le **musée** présente du mobilier (15e-17e s.), des peintures, des livres d'heures flamands et des objets évoquant la vie religieuse (argenterie dans l'ancienne salle du Trésor) et la dévotion pour la Vierge N.-D.-de-la-Poterie, l'une des plus anciennes statues miraculeuses de Belgique, réputée pour guérir ceux qui la prient. On visite aussi le cloître (14e-15e s.) et la petite église baroque richement décorée.

L'ancien quartier portuaire★

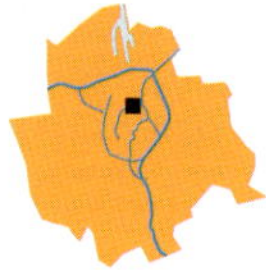

Jadis au centre de la vie commerçante brugeoise, le petit canal qui bute sur la place Van Eyck était à l'époque bourguignonne animé par le va-et-vient permanent des navires et par le trafic incessant des marchandises. Un quartier d'affaires donc, où se croisaient les puissants marchands de la Hanse et les courtiers de toute l'Europe, où les banques et les tavernes prospéraient. Le mot « Bourse » y serait même né. Plus flâneur, le visiteur du 21e s. admire les façades opulentes... et de surprenants musées « à croquer ». Il peut aussi s'attarder à l'une des terrasses de la place Van Eyck, plus intimes que celles des grandes places.

▶**Accès** : au nord du Markt, suivre Vlamingstraat et Academiestraat.
Plan de quartier p. 15-16. Plan détachable D-E/3-4.
▶**Conseil** : les enfants apprécieront le musée de la Frite et Choco-Story.

VLAMINGSTRAAT

La rue concentrait au 15e s. les tavernes et les banques du quartier portuaire. Elle compte de nombreux salons de thé, restaurants et le **théâtre municipal** *(Stadsschouwburg)*, un bel édifice néo-Renaissance de 1869, protégeant une salle majestueuse.
Aménagé dans la loge des Génois (1399), le **musée de la Frite** *(Frietmuseum - Vlamingstraat 33 - 050 34 01 50 - www.frietmuseum.be - 10h-17h - fermé 25 déc., 1er janv. et 2e sem. de janv. - 7 €, billet combiné avec Choco-Story 13 €)* célèbre l'un des piliers de la culture locale. Sur trois niveaux, on décrypte l'histoire et les origines de la pomme de terre. La visite devient légère et accrocheuse lorsque sont évoquées les relations des Belges avec leurs frites... Que cela ne vous empêche pas de profiter de la dégustation !
Au carrefour voisin se dresse la maison **Ter Beurze** *(n° 35)*. C'est dans cette auberge, tenue par la famille du même nom et où les marchands du quartier traitaient leurs affaires, que serait né le terme *beurs* (Bourse).

L'ANCIEN PORT

Par l'Academiestraat, on rejoint l'ancien port en passant devant la **loge des Bourgeois** *(Poortersloge)* au n° 14. Flanqué d'une tourelle élancée, l'édifice du 15e s. servait de lieu de réunion aux commerçants de tous horizons. Une niche côté rue abrite un ours en pierre, animal fétiche de la ville *(Bestiaire de légende p. 128)*.

Sur la petite **place Van Eyck** *(Van Eyckplein)* se trouvent l'ancienne **maison d'octroi** (*Tolhuis*), un bâtiment datant de 1477, et la statue du peintre flamand, à l'extrémité du quai.
Suivez l'un des quais jusqu'au pont **Koningsbrug** afin de contempler la belle **vue★** sur le canal en cul-de-sac et la Poortersloge, pointue comme un phare.

SINT-JANSSTRAAT

En suivant cette calme rue, on atteint le **Choco-Story** *(Wijnzakstraat 2 - 050 61 22 37 - http://choco-story-brugge.be - 10h-17h (juil.-août 18h) - fermé 25 déc., 1er janv. et 1 sem. en janv. - 8 € dégustation comprise; billet combiné avec le musée de la Frite 13 €; billet combiné avec le musée du Diamant 14 €)* qui donne un aperçu de l'histoire du chocolat, complété par des démonstrations de fabrication de pralines. Dans le même bâtiment le **Lumina Domestica** *(www.luminadomestica.be - 10 € (billet combiné avec Choco-Story)* raconte l'histoire de l'éclairage intérieur, illustré par près de 6000 lampes!
En continuant Sint-Jansstraat, la Korte Ridderstraat en face mène à **Ste-Walburge** *(Sint-Walburga)*, église jésuite construite dans le style baroque par Pieter Huyssens en 1643. Elle était dédiée à saint François-Xavier, dont la statue orne la façade. Tout blanc, l'intérieur baroque abrite un banc de communion sculpté par Frans Hendrik Verbruggen (1695), une splendide chaire et un maître-autel en marbre du 17e s.

QUARTIER SAINT-GILLES

(St-Gillis)

De la place Van Eyck, la Spanjaardstraat monte au nord vers le canal **Augustijnenrei**, bordé d'étroites demeures qui montrent leurs jardins. À gauche, avant d'atteindre le quai, le long de la rue Kortewinkel, se dresse l'une des deux dernières maisons à façade de bois (16e s.) de la ville. À droite, le Spaanse Loskaai était le port d'attache des marchands espagnols.
De l'autre côté du **pont des Augustins** *(Augustijnenbrug)*, vieux de 700 ans, s'étend un ancien quartier ouvrier. Les rues calmes et populaires convergent vers la robuste **église St-Gilles** *(Sint-Gilliskerk)*, édifiée dès 1258 et aujourd'hui dotée d'un bel intérieur néogothique. Elle compta parmi ses paroissiens Hans Memling et Pieter Pourbus.
Quartier d'artistes donc? Certainement, puisque Jan van Eyck y avait son atelier. Dans ces rues sans prétention qui donnent à l'est sur le large **canal de la Reie** (ou *Langerei*, lequel correspond à la rivière Reie très tôt endiguée), vous apprécierez l'atmosphère villageoise. On y jouerait encore au jeu de boules dit la « boule à oiseau » dans certaines tavernes.

PORTE DES BAUDETS

(Ezelpoort)

B3 À l'ouest du quartier St-Gilles, la porte des Baudets (13e s.) se dresse dans un joli site ombragé, à l'extrémité d'un canal dont les eaux paisibles sont fréquentées par des cygnes.

L'arrière-pays brugeois

Qu'il y ait « infiniment de brumes à venir », comme dirait Jacques Brel, ou que brille un soleil éclatant, quelques tours de roues suffisent pour changer d'univers. Des pistes cyclables le long de canaux tracés au cordeau vous guident vers d'adorables villages, d'étonnants châteaux et de verdoyantes prairies. Oies, moutons, chevaux, toits de tuiles rouges et murs de briques blanchies, arbres penchés que décoiffe le vent, le plat pays ne manque pas de relief...

▶**Accès** : si vous quittez Bruges à vélo, les directions sont bien indiquées, en particulier depuis la gare (pour Damme, suivez la Reie au nord). *Vélo p. 103.*
Carte p. 44-45.
▶**Conseil** : oubliez la voiture et privilégiez le vélo.

ST-MICHIELS ET SEAPARK

C2 *À 3 km au sud.*
Boudewijn Seapark – *BUS 7 et 17. ✆ 050 38 38 38 - www.boudewijnseapark.be - vac. de printemps : 10h-17h ; mai-juin : tlj sf merc. 10h-17h ; juil.-août : 10h-18h ; sept. : w.-end 10h-18h - 26,50 € ; patinoire 9 € ; parking 7 €/voiture (gratuit en hiver) ; billet B-Excursion (train + bus + entrée) 30,40 €.* Ce parc récréatif propose de multiples attractions : carrousel, spectacles de rapaces, roue géante, bassin d'otaries. Dans le **Dolphinarium**, les dauphins assurent le spectacle *(heures variables, consultez le site Internet).*
Tillegembos – *Au sud-ouest de St-Michiels - BUS 25.* Le domaine présente sur ses 107 ha de flore et de faune protégées des promenades balisées et un étang près duquel se trouvent un château néogothique et un vieux moulin (Rosmolen).

KASTEEL VAN LOPPEM

(Château de Loppem)
C2 *À 6 km au sud. BUS 72, 74 et 99. Steenbrugsestraat 26 - ✆ 050 82 22 45 - www.kasteelvanloppem.be - château : mars-nov. : mar.-sam. 14h-18h ; labyrinthe : avr.-juin et sept.-oct. : merc. 14h-17h, sam., dim. et j. fériés 14h-18h ; juil.-août : tlj sf lun. 14h-18h ; vac. de printemps et d'automne : tlj sf lun. 14h-17h - fermé reste de l'année sf pour groupe sur RV - château 7 € ; labyrinthe 1,50 €.*
Ce château néogothique fut construit entre 1859 et 1862 sur les plans de l'architecte **Edward Welby Pugin** et du baron **Jean Béthune**, architecte de l'abbaye de Maredsous. Lors d'un séjour à l'automne 1918, le roi Albert promit en ces lieux l'instauration du suffrage universel et la « flamandisation » de l'université de Gand. Le château abrite une intéressante collection d'œuvres d'art.

Spectacle de dauphins au Dolphinarium.

Parmi les tableaux des écoles flamande et hollandaise, remarquez la *Place du Bourg* à Bruges, peinte au début du 17e s. À l'étage est exposée la collection de Jean van Caloen de **sculptures religieuses** (13e-16e s.). Agréable lieu de promenade, le parc romantique compte des étangs, des grottes et un **labyrinthe** *(doolhof)*.

ZEDELGEM

C2 *À 10,5 km au sud-ouest par la N 32.*
Abbaye St-André *(St-Andriesabdij Zevenkerken) – www. abdijzevenkerken.be - BUS 66b.*
Ce grand centre missionnaire a été construit au début du 20e s. à l'emplacement d'une abbaye détruite.

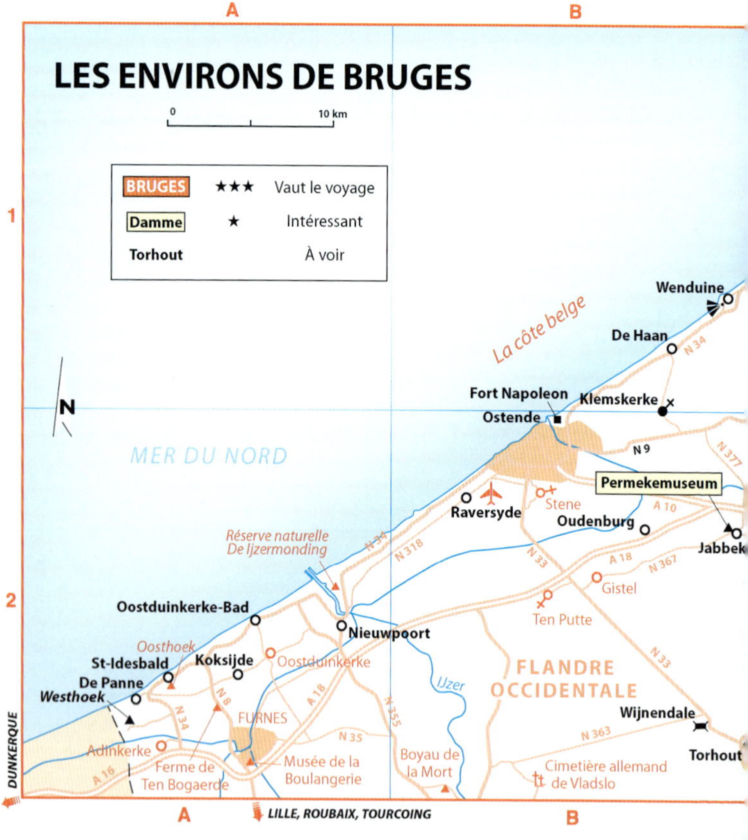

Il compte parmi les sept abbayes et prieurés de Bruges et abrite une communauté bénédictine. La forêt qui l'entoure est un agréable lieu de promenade. Cafétéria et librairie avec objets d'artisanat monastique (céramiques, icônes, bougies, etc.). L'**église St-Laurent** de Zedelgem renferme quant à elle de remarquables **fonts baptismaux**★ (11e-12e s.).

PERMEKEMUSEUM★

(Musée Constant Permeke)

***B2** À Jabbeke, 10 km à l'ouest de Bruges par l'A 10 sortie n° 6. Tram Oostende Koninginnelaan. Gistelsteenweg 341 - ✆ 059 50 81 18 - www.muzee.be - tlj sf lun. 10h-12h30, 13h30-18h (oct.-mars 17h30) - fermé 1er janv. et 25 déc. - 3 € - gratuit avec le museumPASS.*

Peintre expressionniste influencé par le cubisme, **Constant Permeke** (1886-1952) fit construire en 1929 cette maison des Quatre-Vents *(Vier Winden)* où il vécut plus de vingt ans. Le musée, annexe du Mu.ZEE d'Ostende (*p. 55*), permet de découvrir 80 tableaux, où transparaît son intérêt à représenter les marins et les paysans de la région, ainsi que la presque totalité de son œuvre sculpté. Une partie est exposée dans l'agréable jardin.

Pinceaux littoraux p. 127.

OUDENBURG

***B2** À 12 km à l'ouest par l'A 10.*

Dans ce village proche d'Ostende, le **RAM** *(Romeins Archeologisch Museum - Markstraat 25 - ✆ 059 56 84 00 - www.ram-oudenburg.be (en*

Une chute funeste

*Fille unique et célibataire, Marie de Bourgogne (1457-1482) hérite des immenses possessions de son père, Charles le Téméraire, à la mort de ce dernier en 1477. Autant dire que les candidats au mariage sont nombreux ! Elle épouse finalement Maximilien d'Autriche, et l'aigle bicéphale prend la place de l'écusson bourguignon. Après cinq ans d'un mariage que l'on dit heureux, elle chute de cheval lors d'une chasse au faucon aux alentours du château de Wijnendale. Quelques jours plus tard, elle meurt à Bruges, où elle est inhumée (**p. 29**). Débute alors pour Maximilien une difficile régence et une longue guerre d'héritage entre la Maison de France et les Habsbourg, dont le grand représentant sera l'empereur Charles Quint, petit-fils de Marie, et grand rival de François Ier.*

néerlandais) - 31 mars-20 oct. : tlj 10h-12h30, 13h30-17h30 sf lun. et le matin les w.-end; reste de l'année : mar.-vend. 10h-12h - fermé 1er et 2 janv., 25 déc. - 6 €), à la muséographie moderne, évoque la présence des Romains dans la région grâce aux fouilles effectuées : objets, reconstitutions grandeur nature (caserne, thermes...) et expériences interactives raviront petits et grands.

TORHOUT

B2 *À 23 km au sud-ouest par la N 32. Train Bruges-Courtrai - BUS 62A d'Ostende.*

C'était au 12e s. une ville de foire prospère. L'**église St-Pierre** *(St-Pietersbandenkerk)*, reconstruite après les bombardements de 1940, possède une tour romane à clocher octogonal abritant un carillon. L'**hôtel de ville** (1713) est un harmonieux édifice aux larges baies séparées par des pilastres.

Musée de la Poterie *(Museum Torhouts Aardewerk) - Ravenhofstraat 5 - ✆ 050 22 07 70 - avr.-juin et sept. : merc., dim. et j. fériés 13h30-17h30; juil.-août : merc.-dim. et j. fériés 13h30-17h30 - 2,50 €.* Il témoigne de la tradition de cet artisanat à Torhout, qui exporta sa production du 18e au 20e s. Largement copiées en Europe et aux États-Unis, ces poteries colorées se caractérisent par leur décor appliqué en surcharge.

Château de Wijnendale – *✆ 050 22 07 70 - www.toerismetorhout.be/fr - 13h30-17h30; avr.-juin et sept. : merc. et dim.; juil.-août : merc.-dim. et j. fériés - 5 €.* Cet édifice composite (11e-19e s.), entouré de douves circulaires, fut construit par Robert le Frison au 11e s., avant de devenir la résidence favorite des comtes de Flandre. Dans les bois environnants, Marie de Bourgogne fit en 1482 une chute de cheval funeste. Présentation interactive dans le **centre de visiteurs** (♿), riche en informations pratiques (circuits à vélo, randonnées, etc.).

Excursion à Damme★

Pittoresque et minuscule cité flanquée d'un canal inachevé, Damme est une Flandre miniature où s'affairent les oies et les moutons à deux pas de l'hôtel de ville ou sous les ailes d'un moulin. Il reste de beaux vestiges de cet avant-port brugeois, actif relais commercial qui vécut son âge d'or au 13ᵉ s. avant de s'ensabler. C'est la ville de Jacob van Maerlant, l'un des fondateurs de la prose néerlandaise au 13ᵉ s., et de Till l'Espiègle, héros picaresque en lutte contre l'envahisseur espagnol, créé par Charles De Coster en 1867. Les amateurs de belles lettres fréquentent ses librairies et son marché du livre, le 2ᵉ dimanche du mois. Les gourmands viennent pour la bonne chère. Au menu : saucisse, anguille et tarte aux pommes.

▶**Accès** : Damme se situe à 7 km au nord de Bruges. On peut suivre à pied ou à vélo le pittoresque canal de Damme (Damse Vaart) qui relie les deux villes *(voir encadré p. 49)*. **En bus** – N° 43 de la gare ou du Markt *(2 à 3/j., durée 12mn)*. **En bateau** – À bord du coche *Lamme Goedzak* par le canal de Damme. *Embarcadère Bruges : Noorweegsekaai 31; embarcadère Damme : Damse Vaart Zuid - 1ᵉʳ mai-30 sept. : tlj 4 AR; départ pour Damme : 12h, 14h, 16h et 18h; départ pour Bruges : 11h, 13h, 15h et 17h, durée 35mn - AS 8,50 € (3-11 ans 6,50 €), AR 11, 50 € (3-11 ans 9,50 €) - info Toerisme Damme - ✆ 050 28 86 10 - www.bootdamme-brugge.be (en néerlandais).*

Carte p. 44-45.

▶**Conseil** : deux heures suffisent pour visiter la ville. **Visit Damme** – *Jacob van Maerlantstraat 3, 8340 Damme - ✆ 050 28 86 10 - www.visitdamme.be.*

C1 On ne se perd pas à Damme, si ce n'est dans ses pensées. Construite sur l'ancien estuaire du Zwin (*p. 62*), « La Digue » ne compta jamais plus de 5 000 habitants, même au temps de sa splendeur, entre le 12ᵉ et le 15ᵉ s. Les navires arrivant de la mer du Nord y déchargeaient leurs marchandises, qui étaient ensuite acheminées vers Bruges. Après l'ensablement du Zwin, Damme fut transformée en forteresse. L'actuel canal fut construit sur ordre de Napoléon Iᵉʳ en 1810. Vous découvrirez l'écluse d'un canal comblé, une toponymie éloquente (Heringstraat – rue des Harengs) et des restaurants affichant des menus aussi typés qu'alléchants.

GROTE MARKT

Une statue du poète et écrivain Jacob van Maerlant veille sur la Grand-Place et ses quelques maisons gothiques. Elle fait face à l'**hôtel de ville★** *(Stadhuis - accessible uniquement lors des expositions)*, de style gothique brabançon (15ᵉ s.), dont le rez-de-chaussée était jadis occupé par les halles. Son élégante façade, avec ses

Damme.

échauguettes et son perron, est ornée de statues du 19e s. ; de sa niche, Charles le Téméraire tend à sa fiancée, Marguerite d'York, l'anneau nuptial. C'est à Damme, en 1468, que ce mariage eut lieu. L'intérieur conserve de magnifiques poutres sculptées.

Huyse de Grote Sterre *(Maison de la Grande Étoile)* et **Uilenspiegelmuseum** – *050 28 86 10 (Toerisme Damme) - mai-sept. : lun.-vend. 10h-12h, 13h-18h, w.-end et j. fériés 10h-12h, 14h-18h ; oct.-avr. : fermeture à 17h, w.-end et j. fériés apr.-midi seult - fermé 1er janv. et 25 déc.* Près de l'hôtel de ville, cette maison du 15e s. à double pignon fut presque entièrement reconstruite dans les années 1990. Elle abrite actuellement l'office de tourisme et le musée *(2,50 €)* consacré au poète Jacob van Maerlant et à Thyl Uilenspiegel (en néerlandais « miroir aux chouettes »). L'accent est porté sur l'évolution de Till l'Espiègle à travers le temps, du brigand des origines au héros populaire de Charles De Coster.

O.-L.-VROUWEKERK

(Église Notre-Dame)

050 28 86 10 (office de tourisme) - du w.-end de Pâques à sept. : tlj 13h30-17h - tour 2 €.

Située au sud, sur Kerkstraat, elle date des 13e-14e s. Entre les chevets plats des deux chapelles latérales, l'abside présente de belles baies lancéolées. Lorsque au début du 17e s.

les habitants quittèrent la ville, qui avait cessé ses activités portuaires, on démolit la nef devenue trop spacieuse. Les ruines de celle-ci conservent une galerie à triplets de style tournaisien.
L'église actuelle abrite une série de statues d'apôtres en bois (fin 13e s.) et, sur l'autel baroque du collatéral gauche, un *Christ miraculeux* qui est transporté à l'occasion de processions (Saint-Sang à Bruges, *p. 22*).
La **tour**★ carrée, qui a perdu sa flèche, est impressionnante et domine une place plantée de tilleuls, bordée par l'hôpital St-Jean. Du sommet (45 m), **vue** sur la ville, les tertres marquant l'emplacement des fortifications du 17e s. en forme d'étoile, les polders et, par beau temps, la côte belge.

ST-JANSHOSPITAAL

(Hôpital St-Jean)

Kerkstraat 33.
Fondé au 13e s., il a été agrandi et transformé en hospice. Depuis sa fermeture au public fin 2013, on attend toujours de connaître la destination des meubles, tableaux, faïences, objets liturgiques et sculptures (statuette de sainte Marguerite d'Antioche), qui évoquaient le riche passé de l'hôpital et de la ville.

LE LONG DU CANAL

Se balader sous les saules qui escortent le **Damse Vaart** est particulièrement agréable. Côté village, en allant vers Bruges, un groupe de sculptures rend hommage à Till l'Espiègle.
Sur l'autre rive, le moulin à huile **De Schellemolen** (19e s.), avec ses cinq étages, fonctionne toujours *(vac. de printemps et avr.-sept. : w.-end et j. fériés 9h30-12h30, 13h-18h - gratuit)*.
La ferme voisine date du 18e s. La route partant vers Knokke-Heist traverse les remparts, devenus une escale hivernale appréciée des oies des polders.

À vélo !

À courte distance de Bruges, Damme offre une opportunité très agréable d'excursion à vélo. Depuis Dampoort, au nord de la ville, une voie asphaltée (Noorweegse Kaai) longe sur sa gauche un canal bordé de peupliers élancés et d'herbes hautes. À l'écart des voitures, on profite ainsi tranquillement de la vue sur des paysages plats, verts et variés. Canards, pêcheurs et promeneurs apprécient cette charmante atmosphère bucolique et calme, à peine troublée par le bateau à aubes « Lamme Goedzak », qui fait la navette plusieurs fois par jour. Une trentaine de minutes suffisent pour couvrir les 4 km.
www.visitdamme.be/fr/aanbod/detail/29/lamme-goedzak

Escapade à Ostende

Ostende est à la fois une station balnéaire et une ville au passé royal, marquée par l'empreinte des souverains belges, notamment Léopold II. La « reine des plages » a cependant perdu de son lustre et les fastes de la Belle Époque se sont effacés. Affaiblie par la raréfaction des Anglais qui y débarquaient par le ferry avant le percement du tunnel sous la Manche, la station est devenue la proie d'un bétonnage débridé, où les constructions se succèdent sans pitié sur le littoral. Pourtant, l'air iodé, les plages immenses souvent désertes, l'ambiance bon enfant, les fêtes, les jolies façades et les musées constituent toujours de bonnes raisons de s'y rendre, voire de s'y attarder. La lumière y est extraordinaire quand le soleil se couche, quand le vent souffle ou que l'orage gronde. On comprend l'attrait qu'elle exerce sur les artistes, chanteurs (Brel, Ferré, Bashung, Arno) et peintres (Ensor, Permeke, Spilliaert).

▶**Accès** : Ostende est accessible à partir de Bruges par l'A 10 ou par la N 34 qui longe le bord de mer. En train, accès direct de Bruges (12mn), Bruxelles, Lille et par Thalys de Paris. De la gare, le tramway côtier relie toutes les villes du littoral. ***Carte p. 44-45.***

▶**Conseil** : si vous préférez le calme, choisissez la basse saison ou les jours ouvrables. Le Pass Côte permet d'obtenir des réductions p. 99.

Oostende – *Monacoplein 2 - 059 70 11 99 - www.visitoostende.be - 10h-18h (nov.-mars 17h30) ; juil.-août : 9h-19h - fermé 1er janv. et 25 déc.* Réservations, balades virtuelles, audioguides. Informations générales sur la côte : www.lelittoral.be/fr.

AUTOUR DU PORT DE PLAISANCE

(Mercator jachthaven)

B2 Les rails achèvent leur course sur le port, que l'on découvre dès la sortie de la gare. Les mâts montrent le ciel, comme les flèches de **l'église St-Pierre-et-St-Paul** *(St-Petrus-en-Pauluskerk)*. Construite en 1905 dans le style néogothique, elle abrite le mausolée de la reine Louise-Marie (1812-1850). À l'arrière se dresse le **Peperbus**, clocher d'une église du 18e s. détruite par un incendie. Deux bateaux peuvent être visités dans le port de plaisance.

Amandine – *Vindictivelaan 35-Z - 059 23 43 01 - www.zeilschipmercator.be/amandine/fr - 10h-17h- fermé janv., lun. et vend. d'oct. à mars - 5 €.* Ce pêcheur d'Islande flamand effectua son dernier voyage vers le Grand Nord en 1995. Sauvé de la démolition et remis en état, il accueille aujourd'hui un petit musée interactif. Photos et présentations audiovisuelles illustrent de façon captivante la vie quotidienne à bord.

Zeilschip Mercator *(Voilier-école Mercator) – Mercatordok - 059 80*

55 00 - www.zeilschipmercator.be/fr/mercator/- 10h-17h - fermé 1er janv. et 25 déc. - 5 € (4-12 ans 2 €). Au bout du bassin, devant l'hôtel de ville, stationne l'ancien navire-école des officiers de la marine marchande belge. À l'arrêt depuis 1964, ce trois-mâts blanc a effectué 41 croisières sur toutes les mers du globe, de 1932 à 1960, avant de faire office de navire-musée. Des objets et photographies rappellent qu'il a participé à des missions scientifiques : en 1934-1935, il a voyagé jusqu'à l'île de Pâques et, en 1936, a rapporté la dépouille du père Damien, missionnaire belge mort en 1899 à Hawaii.

VISSERSKAAI

(Quai des Pêcheurs)

Dès la sortie de la gare, on suit presque à l'instinct le **quai des Pêcheurs** bordé par une succession de restaurants et de stands de crevettes, escargots de mer et poissons frits ou fumés, que surveillent étroitement d'énormes goélands. Du quai, on aperçoit le port de pêche et, au-delà du chenal, l'importante **minque** : poissons, crustacés et fruits de mer y font l'objet de pittoresques ventes à la criée. Côté ville, les quelques étals du modeste Vismarkt (marché aux poissons) permettent aux touristes de contempler les crevettes grises et les soles de toutes tailles qu'ils pourront déguster au déjeuner.

Noordzeeaquarium *(Aquarium de la mer du Nord) – Visserskaai - ✆ 059 50 08 76 - www.visitoostende.be/fr/noordzeeaquarium - avr.-juin et sept. : 10h30-12h30, 13h-17h ; juil.-août : 10h-17h30 ; tte l'année : w.-end 10h30-13h, 13h30-17h30 - fermé 1er janv. et 25 déc. - 2 €.* Les bassins regorgent de poissons, crustacés, mollusques de la mer du Nord et autres collections de coquillages. Non loin, un bac effectue la courte liaison vers l'autre rive et le fort Napoléon (*p. 55*).

Le quai se prolonge jusqu'à **Zeeheldenplein**, une esplanade qui fait le lien entre la plage et le port. Difficile de manquer les *Rock Strangers* (2012), des rochers rouge fluo signés Arne Quinze.

En empruntant la nouvelle jetée **Westelijke Strekdam**, parallèle à l'ancienne Weststaketsel qui marque

Des murs et des plages qui parlent

Nombre de murs ostendais sont décorés de peintures murales réalisées par des artistes mondialement connus (Cyrcle, Guido Van Helten, Roa, Jaz, Jaune, Eversiempre, Robert Montgomery). Gigantesques ou minuscules, elles naissent durant ***The Crystal Ship - kunstenfestival in de Stad****, le plus grand festival du genre en Europe. Informations et plan sur www.visitoostende.be et www.thecrystalship.org.*

Tout aussi passionnant, ***Beaufort*** *est un festival triennal (juin-août ; prochaine édition en 2021) d'art contemporain durant lequel l'art international croise le biotope naturel des villes du littoral à travers des installations monumentales et des œuvres insolites qui peuplent dunes, plages et stations balnéaires. Une mine de surprise !* *p. 107.*

Un village de pêcheurs devenu reine des plages

*Ostende n'est longtemps qu'un modeste village de pêcheurs. Attaquée par la mer et le sable, la petite cité se protège avec des digues, se déplace même. Sa situation stratégique – à proximité de Bruges – lui vaut d'être fréquemment ravagée. Son siège par les Espagnols entre 1601 et 1604 est ainsi particulièrement meurtrier. Elle se relève, commerce, mais, bridée par les Anglais et les Hollandais, ne devient jamais un port majeur. En 1838, la Belgique, à peine indépendante, inaugure en grande pompe la ligne de chemin de fer Malines-Bruxelles-Ostende. De « puits qui pue », comme il est surnommé, le port devient un maillon majeur de l'économie locale. Enrichi par « son » Congo, **Léopold II** envisage de grands projets pour la cité, qu'il élève au rang de station thermale courue, prenant l'exemple français de Biarritz. Il l'embellit d'un chalet royal, d'un casino somptueux, de galeries, d'un théâtre et d'un hippodrome. Ostende devient la « reine des plages » ou « plage des rois » tant les puissants et les célébrités se pressent pour y prendre des bains de mer. Leurs maillots rayés inspirent **James Ensor**, viscéralement attaché à sa cité natale. Les décennies passent, la côte se peuple de villas luxueuses. En 1920, la ville accueille les compétitions de voile des Jeux olympiques d'Anvers. La Seconde Guerre mondiale a raison du casino (il sera reconstruit en 1953). Puis l'autoroute permet aux Bruxellois de venir se baigner et danser sur la côte, où se dresse petit à petit un mur d'immeubles, longue digue destinée à contenir le flot toujours plus dense des touristes…*

l'entrée du port, vous aurez une vue superbe sur la plage (*p. 54*).

CENTRE-VILLE (ANCIEN QUARTIER DES PÊCHEURS)

Entre le port et la plage s'étend le quadrillage de rues étroites de l'ancien **quartier des pêcheurs** – l'actuel **centre-ville**. Des marchés animent régulièrement ses places. Les commerces et les hôtels s'y concentrent le long de rues pour beaucoup piétonnières. Et la diversité des façades (béton, Art nouveau, Art déco, Belle Époque, moderniste) rappelle ce que fut Ostende… et ce qu'elle devient depuis les bombardements de la Seconde Guerre mondiale et le passage des promoteurs.

C'est dans ce quartier vivant et attachant, malgré ses défauts, que sont nés ou ont vécu les peintres Constant Permeke (une plaque le rappelle au Langestraat 116) et James Ensor, dont on peut visiter la maison.

Maison de James Ensor *(Ensorhuis) – Vlaanderenstraat 27 - ✆ 059 50 81 18 - www.muzee.be - fermée pour travaux, réouverture prévue au printemps 2019.* Après sa rénovation, la maison d'Ensor – et le magasin de coquillages qui était tenu par sa tante et son oncle – permettra au visiteur de découvrir la vie, l'œuvre et le rayonnement international du plus célèbre artiste ostendais. Réplique de l'atelier du peintre, reproductions de quelques-uns de ses tableaux dont la célèbre *Entrée du Christ à Bruxelles.*

Pinceaux littoraux p. 127.

La plage d'Ostende.

À quelques pas de là, un autre musée raconte la ville.

Stadsmuseum Oostende *(Musée de la Ville) – Langestraat 69 - ✆ 059 51 67 21 - www.oostende.be/stadsmuseum - tlj sf mar. 10h-12h30, 14h-18h - 4 €.* Installé dans l'ancienne maison de Louise-Marie, première reine des Belges et épouse de Léopold Ier, ce musée est consacré à l'histoire et aux traditions régionales : Ostende maritime, vie des pêcheurs, passé royal de la ville. Également des expositions temporaires.

FRONT DE MER

La plage★ – C'est avant tout pour elle que l'on vient à Ostende depuis la fin du 19e s. Elle est immense, surpeuplée en été, prisée des fêtards le samedi soir, et quasi déserte le reste du temps. Le béton est roi, hélas, mais sur quelques centaines de mètres, des édifices rappellent le prestigieux passé de la ville.

Casino-Kursaal – *Monacoplein 2 - www.casinooostende.be.* Face à la mer, le premier casino en bois de 1852 fut remplacé dès 1875 par un palais somptueux, inspiré d'édifices parisiens, alors que Léopold II méditait de grands projets pour la ville. Sa silhouette alambiquée, ses salons et ses salles de bal devinrent le symbole d'Ostende « reine des plages ». Durant la Seconde Guerre mondiale, l'armée allemande le rasa pour y installer des canons. L'édifice actuel (1953) rappelle la poupe d'un immense paquebot. Il accueille des salles de jeux, des restaurants et une vaste salle de spectacles.

Non loin, près du sable, se dresse la belle sculpture ondulante de Patrick Steen, *Dansende Golven (Flots dansants).*

La promenade agréable se poursuit vers l'ouest jusqu'au **Thermae Palace** – imposant institut thermal, construit en 1933, qui abrite aujourd'hui un hôtel de luxe – et jusqu'à l'**hippodrome** *(Wellingtonrenbaan),* à côté duquel a été aménagé un golf en 2007.

Enfin, il fait bon flâner dans les **Galeries royales et vénitiennes**, achevées en 1906 pour Léopold II. Elles reliaient sur 400 m le chalet royal (aujourd'hui détruit) à l'hippodrome. Dans un pavillon, la **Het Spilliaert Huis** organise des expositions sur Spilliaert et l'art moderne (*https://hetspilliaerthuis.be*).

Le bal du Rat mort

Ce bal au nom curieux fut organisé pour la première fois au Casino-Kursaal en 1898 à l'initiative du Cercle Coecilia, une bande de joyeux drilles menés par le peintre James Ensor, grand amateur de carnavals, si présents dans son œuvre. L'événement est un hommage à un café parisien du même nom, situé dans le quartier de Pigalle, que nombre d'artistes et d'écrivains fréquentaient alors : Alphonse Daudet, Charles Bataille, etc., et où Ensor et ses amis avaient fait une virée mémorable. Sorte de commémoration mondaine et philanthropique, le bal du Rat mort est l'un des points d'orgue du carnaval d'Ostende. Notez qu'il a inspiré Jan Bucquoy et Jean-François Charles pour imaginer une bande dessinée fantastique en 1980. http://fra.ratmort.be/. *Voir aussi p. 106.*

La statue équestre de Léopold II, « génial protecteur de la ville » comme le rappelle une plaque, contemple son œuvre... et les petites cabines de plage qui fleurissent à ses pieds aux beaux jours.

MU.ZEE★

(Kunstmuseum aan Zee)
Romestraat 11 - ☎ 059 50 81 18 - www.muzee.be - ♿ - tlj sf lun. 10h-18h - fermé 25 déc. et 1er janv. - collection permanente 12 € (billet combiné avec expositions temporaires) - gratuit avec le museumPASS.
Dans une ancienne coopérative, ce musée réunit des peintures, des sculptures, de la céramique et de l'art graphique belges. Les collections *(exposées par roulement)* donnent un aperçu des courants artistiques modernes (à travers des œuvres d'Ensor, Spilliaert, Magritte, Delvaux ou encore du mouvement CoBrA). L'expressionnisme est représenté par l'école de Laethem. Parmi les mouvements les plus récents, il faut citer l'abstraction, le pop art et l'art conceptuel. Le musée organise en outre des expositions temporaires.
Les rues alentour sont par endroits bordées de maisons Belle Époque et Art nouveau. Sur l'avenue Leopoldlaan, vous croiserez certainement **Dikke Mathille** (la grosse Mathilde), autrement dit *La Mer*, une généreuse allégorie sculptée par Georges Gard.

FORT NAPOLÉON

Quittez Ostende dir. Knokke-Heist - Tram Oostende Duin en Zee - accessible aussi par bac à partir du Visserskaai (quai des Pêcheurs) à la hauteur de l'Aquarium - ☎ 059 32 00 48 - www.fort-napoleon.be/fr - avr.-juin : merc.-dim. 10h-17h ; juil.-août : tlj 10h-18h ; nov.-mars : merc. 13h-17h, w.-end et j. fériés 10h-17h - fermé 1er janv. et 25 déc. - 8 €.
En 1810, Napoléon fit construire ce fort dans les dunes ostendaises afin de se protéger des attaques anglaises. Cependant, le bastion en forme de pentagone n'a jamais servi de place forte. Restauré, le bâtiment abrite actuellement un café-restaurant ainsi qu'une petite exposition évoquant l'histoire du fort et l'évolution de l'architecture militaire. Du toit, belle vue sur la mer et les dunes.

LA CÔTE SUD

AB2 De Bruges, si vous ne vous déplacez pas en voiture, la côte qui s'étend d'Ostende à la frontière française est moins facilement accessible que la région de Knokke-Heist. Néanmoins, le tramway côtier qui la dessert permet de découvrir quelques sites intéressants.

Raversyde

À 10 km au sud-ouest d'Ostende. Nieuwpoortsesteenweg 636 - ☎ 059 70 22 85 - www.raversyde.be - de fin mars à mi-nov., vac. scol., w.-end et j. fériés : 10h30-18h ; sem. hors vacances : 10h30-17h - Atlantikwall : 8 € ; Anno 1465 : 6 €, billet combiné 10 € (-12 ans gratuit).
Constitué à partir du domaine royal de Léopold II (1902), ce domaine de 50 ha environ jouit d'une situation exceptionnelle au bord de la mer.

Durant les deux guerres mondiales, il fut intégré dans la défense côtière allemande. À partir de 1944, le prince Charles de Belgique s'y installa; il vendit sa propriété à l'État belge en 1981. Le domaine accueille, outre le **mémorial du prince Charles**, le musée en plein air **Atlantikwall**, un site regroupant 60 constructions datant des deux guerres mondiales, reliées par un réseau de tranchées ou de passages souterrains (2 km), et le site archéologique de **Walraversijde**, un village de pêcheurs du Moyen Âge (1465), avec reconstitutions et spectacles audiovisuels.

Nieuwpoort (Nieuport)

Tram *Nieuwpoort Stad.*

Les amateurs d'art et de belles pierres trouveront ici leur bonheur, notamment autour de la Grand-Place (Marktplein), reconstruite après 1918 avec des matériaux d'origine.

Oostduinkerke-Bad – Sur cette immense plage, on pêche encore la crevette à dos de cheval. Cette activité a d'ailleurs été inscrite au Patrimoine culturel immatériel de l'Unesco en 2013. Elle est décrite au **Navigo - Nationaal Visserijmuseum** *(musée national de la Pêche) – Pastoor Schmitzstraat 5 - 058 51 24 68 - www.navigomuseum.be/fr - ♿ - avr.-oct. : mar.-vend. 10h-18h, w.-end 14h-18h ; reste de l'année : mar.-vend. 10h-17h, w.-end 14h-17h - fermé janv., 1er Mai, 24, 25, 26 et 31 déc. - 7 € (7-18 ans et étudiants 2 € ; billet combiné « Musées Koksijde » avec le musée de l'Abbaye des Dunes 11 €).*

Koksijde (Coxyde)

Tram *Koksijde-Bad.*

Près de cette jolie localité, ne manquez pas les vestiges de l'**abbaye des Dunes** *(Ten Duinen - www.tenduinen.be/fr - avr.-oct. : mar.-vend. 10h-18h, w.-end 14h-18h ; reste de l'année : mar.-vend. 10h-17h, w.-end 14h-17h)*, fondée en 1107 et racontée dans un musée. Non loin, l'**église N.-D.-des-Dunes** *(O.L.V.-ter-Duinenkerk – Kerkplein 2)*, construite en 1962, surprend par sa forme ondulante, la couleur bleu marine du toit évoquant la mer et le coloris beige des murs qui s'assimile à celui des dunes toutes proches.

Musée Paul-Delvaux★ – *Delvauxlaan 42 - St-Idesbald (à 3 km du centre de Koksijde) - 058 52 12 29 - www.delvauxmuseum.com - ♿ - avr.-sept. : tlj sf lun. 10h30-17h30 ; reste de l'année : jeu.-dim. et j. fériés 10h30-17h30 - fermé janv.-mars et 25 déc. - 10 € (-6 ans gratuit).* Né d'une initiative du peintre en 1982, ce musée rassemble une collection unique au monde de ses toiles, depuis ses œuvres postimpressionnistes jusqu'aux compositions surréalistes, dans le cadre intime d'une jolie maison. *Pinceaux littoraux p. 127.*

De Panne (La Panne)

Tram *De Panne Centrum.*

Du sable encore à De Panne où la large **plage★** (250 m) permet aux chars à voile de filer comme des flèches. Non loin, dans la belle réserve naturelle de **Westhoek**, on passe d'un petit Sahara à des dunes où paissent les animaux.

La côte d'Ostende à Knokke-Heist

La côte au nord d'Ostende file droit vers les Pays-Bas. La plage rectiligne est bordée par endroits d'un mur d'immeubles (Wenduine, Blankenberge) qui offrent un balcon sur la mer. Si l'on a aussi grignoté le littoral pour construire l'immense port de Zeebrugge, l'élégante station de De Haan présente toujours son architecture Belle Époque dans un environnement calme et fleuri. Après les plaisirs de la plage, les enfants découvrent la faune marine au Sea Life de Blankenberge, les amateurs de shopping chic et cher trouvent leur bonheur à Knokke-Heist, le « St-Tropez » belge où l'on aime se montrer, et les amateurs de balades sillonnent à pied ou à vélo les chemins littoraux qui serpentent entre dunes, plages et villages des polders... jusqu'à la belle réserve naturelle du Zwin.

▶**Accès** : Knokke-Heist et Blankenberge sont directement accessibles en train de Bruges une fois par heure. Un bus relie Bruges à Lissewege et Zeebrugge *(horaires sur www.delijn.be)*. De la gare d'Ostende, le tramway dessert toutes les stations. Le ticket d'un jour *(Dagpas - 6 €)* est particulièrement intéressant. ***Carte p. 44-45.***

▶**Conseil** : l'ambiance bon chic bon genre de Knokke-Heist est à son comble le week-end. Pour profiter des plages désertes, préférez la basse saison ou les jours ouvrables. Informations générales sur la côte : www.lelittoral.be/fr.

KLEMSKERKE

B1 *À 11 km à l'est d'Ostende - BUS 46.*
Légèrement en retrait de la côte, ce village de polders est dominé par l'église-halle **St-Clément**. Elle se caractérise par trois nefs d'égale hauteur et renferme des bancs et des confessionnaux en bois sculpté du 17e s. À proximité, un **moulin à pivot**.

DE HAAN

(Le Coq)
B1 *À 12 km au nord-est d'Ostende - Tram De Haan an Zee.*
Tramstation - Koninklijk Plein - ✆ 059 24 21 34 - www.visitdehaan.be.
Dans cette très charmante station fleurie, les villas de style Belle Époque sont dispersées au milieu des bois et des dunes. Créé à la fin du 19e s., le quartier dit « de la Concession » charme dès la petite gare rétro où stoppe le tramway, jusqu'à la calme plage qui semble sans limite. Durant la promenade, vous marcherez sur les pas d'Albert Einstein qui trouva refuge en Belgique à l'arrivée d'Hitler au pouvoir en Allemagne (1933), avant d'émigrer aux États-Unis.

WENDUINE

B1 À 17 km au nord-est d'Ostende - Tram Wenduine Centrum.
La petite station balnéaire de Wenduine est dominée par l'une des plus hautes dunes de la côte belge (31 m) : du belvédère au toit rouge et pointu installé au sommet de la **Spioenkop**, la vue porte sur les plages, les dunes et la station avec son hôtel de ville reconstruit en style flamand. On distingue un petit moulin à vent à pivot à l'entrée de la localité.

BLANKENBERGE

C1 À 22 km au nord-est d'Ostende. Train direct depuis Bruges - Tram Blankenberge Station.
Leopold III Plein - ✆ 050 63 66 20 - www.blankenberge.be.
Ce petit port de pêche est devenu l'une des stations balnéaires les plus fréquentées du littoral belge. Encadré par de hauts immeubles d'appartements et dominant la plage, le **casino** arbore une façade en verre sur laquelle grimpent les bébés joufflus de l'artiste tchèque David Cerny. Le **pier** (jetée), qui avance ses 350 m de promenade au-dessus de la mer, la grande plage de sable fin, les innombrables terrasses et les attractions comblent les amateurs de tourisme balnéaire. En ville, les rues commerçantes réservées aux piétons figurent parmi les principaux atouts de Blankenberge.
Près du port de plaisance, le long **paravang** protège les promeneurs du vent et de la pluie. Il conserve ses tuiles colorées et son allure Belle Époque.

Belle Époque Centrum – *Elisabethstraat 24 - ✆ 050 42 87 41 - www.belle.epoque.blankenberge.be - ♿ - tlj sf lun. 14h-17h (juil.-août 18h) - fermé 1er, 2 janv., 24, 25 et 26 déc. - 4 € - possibilité de visite guidée sur RV.* Dans une jolie maison construite en 1894, ce centre a pour vocation de faire revivre l'esprit de la Belle Époque et les joies des stations balnéaires que découvrait alors l'aristocratie. Une scénographie imaginative, appuyée par des affiches, des vidéos et des photos, et servie par un esprit ludique (jeux de senteurs, puzzles, bornes multimédias), restitue avec soin ces années fastes. Belle terrasse tout en faïences inspirée du parc Güell d'Antoni Gaudí à Barcelone.
St.-Antoniuskerk *(Église St-Antoine) – Kerkstraat 153 - 9h30-18h, office sam. 17h30.* Cette petite église en brique, proche de la gare, a été consacrée en 1358. Elle a été construite à l'emplacement de l'église Notre-Dame, endommagée par une violente tempête durant l'hiver 1334-1335. Modifiée depuis à plusieurs reprises, elle présente aujourd'hui un style baroque et un intérieur agrémenté de belles œuvres d'art des 17e et 18e s. : bancs, confessionnal, chaire, orgues.
Sea Life – *Koning Albert I Laan 116 - Tram Blankenberge Sealife-Floreal - ✆ 050 42 43 00 - www.visitsealife.com/blankenberge - ♿ - tlj 10h-17h (18h ou 19h selon la sais. ; dernière entrée 1h av.) - fermé 25 déc. - 18,50 € (15 € en ligne).* Fort de 50 aquariums, ce parc aquatique présente des espèces vivant dans les rivières belges et dans la mer

du Nord. À intervalles fixes, des animations avec requins et raies sont organisées au laboratoire marin. Le bassin aux raies est peuplé de poissons plats, passés maîtres dans l'art de se dissimuler sur les fonds où ils évoluent, et de quelques raies curieuses, qui viennent souvent nager en surface pour s'y faire caresser. Le tunnel sous-marin permet d'observer les poissons, comme si l'on se trouvait au fond de la mer. À côté, se trouve un centre de sauvetage des phoques.

ZEEBRUGGE

C1 À 27 km au nord-est d'Ostende - Tram Zeebrugge Kerk (village) ou Strandwijk (plage). i Zeedijk - ✆ 050 54 50 42 (en sais.) - www.visitbruges.be/fr/kust/zeebrugge.

Au Moyen Âge, on ne trouvait à l'emplacement de Zeebrugge (les francophones prononcent Zébruges) que quelques fermes dispersées. Cette cité balnéaire est créée au début du 20e s. afin de donner à Bruges un débouché sur la mer après l'ensablement définitif du Zwin. Reliée à la ville par le canal Baudouin (1896-1907), **Bruges-sur-Mer** devint le principal **port de pêche** de la côte, ainsi qu'un **port pétrolier** et le lieu d'arrivée des navettes avec l'Angleterre. Dans les années 1970, le développement des navires rouliers (déchargement par rampes) et des porte-conteneurs nécessita une expansion des infrastructures portuaires. L'avant-port fut construit en mer, protégé par deux digues de quatre kilomètres. Des installations pour le transport des voitures furent aménagées dans l'arrière-port s'enfonçant loin dans les terres. Une promenade sur la longue **jetée ouest** permet d'apprécier l'activité du port. D'avril à octobre, on pourra parcourir ce dernier, approcher les porte-conteneurs et la base navale à bord du bateau *Zephira* au départ du vieux port (*✆ 059 70 62 94 - www.franlis.be/tour-du-port/concept pour les horaires - 12 €, 10,50 € en ligne).*

Naufrage à Zeebrugge

*Le 6 mars 1987, vers 18h, le ferry **Herald of Free Entreprise** quitte le port de Zeebrugge pour une traversée « de routine ». Quelques minutes après le départ, 1 500 m plus loin, le navire chavire et coule en moins de deux minutes. Un banc de sable freine la submersion et stabilise le ferry couché sur son flanc bâbord. Ce jour-là, les passagers avaient bénéficié d'une opération promotionnelle : trajet à 1 £ ! Les pertes humaines sont lourdes : 193 morts sur 459 personnes à bord. L'équipage, qui naviguait d'habitude entre Douvres et Calais, avait dû s'adapter à Zeebrugge, à une hauteur de quai plus basse, remplir les ballasts d'eau afin d'abaisser la rampe d'accès, et accélérer les opérations pour diverses raisons (rentabilité, densité du trafic). Le ferry avait donc appareillé avec ses portes avant ouvertes, lesquelles laissèrent l'eau s'engouffrer sur le pont principal dès que la vitesse maximum fut demandée par le capitaine. Survenu à une grande proximité des côtes, ce naufrage fut suivi de près par les médias. Il entraîna une révision majeure des règles de sécurité maritime.*

Autre croisière proposée en été à travers le parc d'éoliennes en mer du Nord *(www.franlis.be/fr/thornton-cruises/concept - 45 €, 39,50 € en ligne)*.
Au milieu des grues et des containers colorés, sorte de *Tetris* géant, le village s'est adapté aux bassins. On y trouve, autour du port de plaisance, des poissonniers et restaurants spécialisés dans les produits de la mer.
Seafront Maritiem Themapark – *Vismijnstraat 7 - 050 55 14 15 - www.seafront.be - 10h-17h - fermé 1er janv., 8-26 janv., 25 déc. et j. fériés - 13,50 € (-12 ans 9,50 €).* Aménagé autour de la **minque** (criée), ce petit complexe raconte l'histoire de Zeebrugge et de ses habitants. On peut également monter à bord du sous-marin russe *Foxtrot* et du *Westhinder*, un bateau-phare qui signalait aux navires le banc de sable du même nom à l'embouchure de l'Escaut occidental.

LISSEWEGE

C1 *À 12 km au nord de Bruges par la N 34. Les bus entre Bruges et Zeebrugge s'y arrêtent.*
Oude Pastoriestraat 5 - 050 55 29 55 (en saison) - www.lissewege.be.
À l'écart du littoral, ce village pittoresque aux maisons blanches qui s'étend le long d'un canal est l'un des plus attachants de Flandres. Il est dominé par l'imposante **tour** en brique de son église édifiée au 13e s., reconstruite au 17e s., mais qui conserve son allure d'origine.

TER DOEST

C1 *À 1 km au sud de Lissewege. www.lissewege.be - tlj 10h-17h.*
De cette fondation issue de l'abbaye des Dunes à Koksijde (*p. 56*), il ne reste que la chapelle, la ferme à tourelle et la vaste **grange abbatiale★** (13e s.), ornée de moulures en brique de style gothique et surmontée d'une admirable charpente de chêne.

KNOKKE-HEIST

C1 *À 35 km au nord-est d'Ostende - Tram Knokke Station. En train, ttes les h à partir de Bruges. Zeedijk-Knokke 660 - 050 63 03 80 - www.myknokke-heist.be/fr.*
Heist, Duinbergen, Albert-Strand, Knokke et Het Zoute ne forment qu'une seule station balnéaire, réputée pour son élégance et qui se flatte de posséder, notamment au Zoute, les plus **belles villas** de la côte. Plutôt que de tourisme, on parle ici « d'art de vivre ». Le week-end, Knokke est *the place to be*. Les grosses cylindrées défilent entre les terrasses, les **galeries d'art** et les boutiques de luxe où se presse une population aisée. Les distractions sont nombreuses : plusieurs équipements sportifs, un lac artificiel (Zegemeer) et un institut de thalassothérapie. Avant de fréquenter l'un des excellents restaurants de la station, on peut aussi tout simplement se contenter de la **plage**, où il n'est pas rare de voir courir les chevaux. Assis sur le brise-lame, un homme en bronze contemple les flots : il est seulement visible lorsque se retire la mer qui, à chaque

marée, continue de sculpter l'œuvre de Jean-Michel Folon.

Casino – *Zeedijk-Albertstrand 509.* Le hall central est orné d'un grand lustre en verre de Venise et de peintures murales de Magritte (*Le Domaine enchanté*, 1953) et de Keith Haring. Devant l'édifice se dresse une statue en bronze de Zadkine : *Le Poète* (1965). Ici, comme dans le **centre culturel Scharpoord** *(Meerlan 32 - ✆ 050 63 04 30)*, sont présentées d'importantes expositions.

Bonne introduction à la visite des environs, le **musée Sincfala** *(Pannenstraat 140 - ✆ 050 53 07 30 - www.sincfala.be - tlj 10h-12h, 14h-17h30 - fermé 1er et 2 janv., 24, 25 déc. - 3,50 €)*, situé dans le quartier résidentiel entre Zeebrugge et le centre de Knokke-Heist. Des maquettes, reconstitutions d'intérieurs, tableaux ou photos y racontent l'histoire de la région du Zwin : guerres, quotidien des pêcheurs, ensablement, poldérisation, tourisme balnéaire...

C. Philippe/ArTerra Picture Library/age fotostock

Cigognes dans le Zwin Parc Nature.

ZWIN NATUUR PARK★

(Zwin Parc Nature)

C1 *Graaf Leon Lippensdreef 8 - www.zwin.be/fr - ♿ - avr.-juin et sept. : tlj sf lun. 10h-18h ; juil.-août : tlj 10-18h ; oct.-déc. : merc.-dim. 10h-17h ; janv.-fév. : w.-end 10h-17h ; mars : merc.-dim. 10h-17h (tlj vac. scol.) - 12 € (6-17 ans 5 €). Possibilité de visite avec un guide (2h) : sam. 14h et dim. 10h et 14h - 14 € entrée incluse (12 € en ligne).*

Entre Knokke-Heist et la frontière belgo-hollandaise s'étend le **Zwin**, ancien bras de mer aujourd'hui ensablé, qui desservait jadis les ports de Sluis, Damme et Bruges. Entouré par les dunes qui l'isolent de la mer et par les digues qui protègent la campagne des inondations, un univers de chenaux soumis à la marée et de prés-salés se déploie.

Converti en **réserve naturelle** (158 ha, dont 33 aux Pays-Bas), le Zwin abrite une flore et une faune intéressantes. Le meilleur moment pour visiter la partie accessible au public (60 ha) est le printemps pour les oiseaux, et l'été pour les fleurs. De mi-juillet à fin août, le **statice des limons**, ou fleur du Zwin, forme un merveilleux tapis mauve. On y rencontre aussi des plantes rares comme la gentiane amère. Parmi les innombrables espèces peuplant le Zwin, citons la colonie de sternes, des échassiers comme l'avocette au fin bec recourbé, des canards comme le tadorne (au bec rouge) et plusieurs migrateurs comme le pluvier argenté et différentes espèces de bécasseaux.

Commencez votre visite par le centre d'accueil où sont présentées expositions permanentes et temporaires qui permettent d'en savoir plus sur les oiseaux migrateurs. Un simulateur de vol propose de se mettre dans la peau d'un oiseau.

Avant la promenade, on peut s'arrêter visiter le **parc ornithologique** pédagogique où vivent les principaux représentants de l'avifaune indigène. En traversant le bois, on atteint le sommet de la digue où la vue embrasse l'ensemble de la réserve. Sur le parcours, un poste d'observation permet de regarder au télescope les oiseaux, avec une vue panoramique sur la plaine, et de les reconnaître grâce aux écrans interactifs.

La plus longue ligne de tramway du monde

Reliant De Panne à Knokke-Heist sur 67 km – soit la quasi-totalité du littoral belge –, la ligne de tramway côtier ***De kusttram*** *est la plus longue du monde. Inaugurée par Léopold II le 5 juillet 1885, la première ligne est desservie par un tram à vapeur appelé « Vicinal », entre Ostende et Middelkerke, destiné à désenclaver les villages des polders et du littoral. La Belgique vit alors ses premières décennies d'indépendance, et son riche roi se lance dans d'immenses travaux d'infrastructure. La ligne est rapidement prolongée vers d'autres sites côtiers. Ostende, devenue la « reine des plages », donne des idées à ses voisines qui entendent profiter de son aura. Dès 1897, une ligne électrifiée voit le jour. Un tram qui atteint la vitesse de 30 km/h y circule entre les dunes et la mer. En été, on profite même d'un toit ouvrant dans les luxueuses voitures ! Le tram dessert bientôt toute la côte mais aussi l'intérieur des terres, dont Bruges. Utilisé par les armées et la Croix-Rouge pour approvisionner les civils et les soldats, le tram joue un rôle majeur durant les deux conflits mondiaux. Mais la concurrence de l'automobile a bientôt raison d'une partie du réseau. En 1991, De Lijn remplace la Société nationale des chemins de fer vicinaux pour assurer la gestion d'un tramway côtier modernisé. Couvrant la distance en 2h15 environ, il transporte 12 millions de passagers par an. Un vrai succès, salué et étudié par les régions du monde entier.* *Transports en commun p. 103.*

Nos adresses

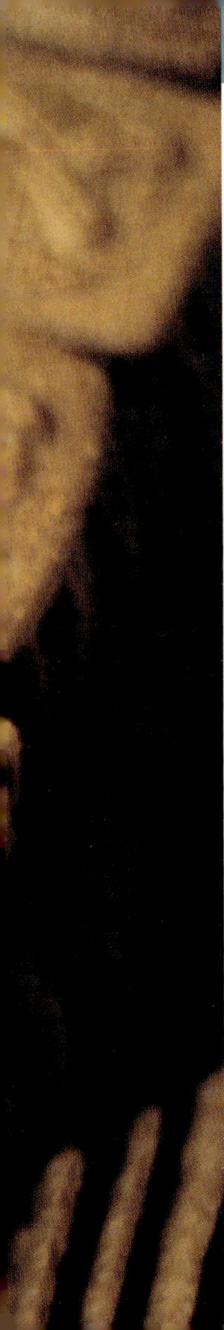

Speculoos.
H. Conodul/Iconotec/Photononstop

Se restaurer

Auberges traditionnelles, friteries, estaminets, restaurants étoilés ou bistrots servant une cuisine tendance... vous ne risquez pas de mourir de faim à Bruges ! Les gastronomies belge et française sont souvent à l'honneur, tout comme les produits de la mer du Nord, toute proche.

Bon à savoir – Beaucoup de restaurants proposent des **menus lunch** à des tarifs avantageux. L'addition est en revanche salée en soirée. N'oubliez pas de réserver pour le soir dans les établissements réputés. Attention, on dîne tôt ici ! Si le pain est inclus, il n'est pas d'usage de demander une carafe d'eau. Sachez enfin qu'un supplément est parfois perçu en cas de règlement par carte.

Reportez-vous aussi au chapitre « Prendre un verre », ci-après : certaines des adresses de la sélection servent des repas légers, parfaits pour déjeuner.

Repérez les adresses sur le plan détachable et sur le zoom p. 15-16 grâce aux pastilles numérotées (ex. 1). Les coordonnées en rouge font référence au plan détachable.

BRUGES

Moins de 25 €

34 **Amuni** – ***E5*** - *Burg 9 - Mallebergplaats 2 - ✆ 050 66 07 70 - www.amuni.be - tlj sf lun. midi et mar. midi - plats 13/20 €.* Pizza éthique ! Rien n'est trop bio pour la reine de la gastronomie italienne, couronnée ici de produits frais étiquetés slow-food et servie – entre autres plats – dans un décor contemporain élégant et cosy. Petite cour intérieure agréable.

2 **Le Pain Quotidien** – ***D5*** - *Simon Stevinplein 1 - ✆ 050 34 29 21 - www.lepainquotidien.com - lun.-sam. 7h-19h (vend.-sam. 20h), dim. et j. fériés 8h-18h30.* La célèbre enseigne bruxelloise attire les bobos du quartier avec ses tables communes, ses petits-déjeuners bio, ses tartines généreuses et ses pâtisseries de qualité.

39 **Frituur & Veggie Eetboetiek Royal** – ***H4*** - *Langestraat 181 - ✆ 050 68 41 84 - www.frituur-royal.be - 11h30-13h45, 17h30-21h30 (vend.-sam. 23h), dim. et j. fériés 17h30-21h30 - fermé lun.-mar.* Quel nom compliqué pour une friterie ! Mais ce lieu sympathique et original pourrait bien vous surprendre avec ses fritures, dont même les végétariens raffolent...

4 **Craenenburg** – ***D5*** - *Markt 16 - ✆ 050 33 34 02 - www.craenenburg.be - tlj midi et soir sf dim.* Sur cette place-carrefour touristique, difficile de s'y retrouver parmi les adresses proposées. Cette grande brasserie est une valeur sûre offrant le cocktail attendu : intérieur flamand, vue sur le beffroi, banquettes confortables et longue liste de bières pour arroser des plats et snacks plutôt généreux.

5 **L'Estaminet** – ***E5*** - *Park 5 - ✆ 050 33 09 16 - www.*

estaminet-brugge.be - fermé lun. et jeu. midi. Envie d'authenticité ? Bienvenue dans ce chaleureux petit établissement de quartier, en bordure de l'Astridpark. Les gens du coin (résidents ou travailleurs) s'y pressent à midi pour des plats du jour simples et sans surprise (moussaka, spaghettis), mais copieux et bien préparés.

11 **Oud Handbogenhof** – ***E3*** - *Baliestraat 6 - ✆ 050 33 71 18 - www.hoteldepauw.be - tlj sf lun. - menus 20/29 € et formules.* Dans le quartier tranquille de l'église St-Gilles, profitez de cet intérieur flamand traditionnel pour reprendre des forces (et des degrés en hiver), ou de l'agréable terrasse sous les tilleuls en été. Cuisine locale simple et savoureuse.

28 **Ganzespel** – ***G5*** - *Ganzestraat 37 - ✆ 050 33 12 33 - www.ganzespel.be - w.-end 18h30-22h - plats 10/20 €.* Dans une tranquille rue résidentielle, voici l'une des rares adresses où dîner à moindre prix. Dans deux petites salles chaleureuses et conviviales, on se restaure de plats simples (waterzooi, lasagnes) mais bien faits.

31 **Poules Moules** – ***D5*** - *Simon Stevinplein 9 - ✆ 050 34 61 19 - www.poulesmoules.be - fermé dim. - menus 23/27,75/36 €.* Avec un nom pareil, on s'en doute, cet établissement, installé dans une demeure du 17e s., s'est fait une spécialité de moules préparées de différentes manières et de poulet ! La salle possède encore d'élégantes poutres apparentes mais à la belle saison, c'est la terrasse sur la place qui est prise d'assaut.

23 **Den Gouden Karpel** – ***E5*** - *Vismarkt 9-11 - ✆ 050 33 33 89 - www.dengoudenkarpel.be - ⊭ - fermé dim.-lun. et soir.* Située juste en face du marché aux poissons, cette poissonnerie-traiteur abrite une dizaine de tables où il est possible de déjeuner d'un savoureux menu (16 €) ou d'un plat à emporter. Ultra-frais et excellent. L'enseigne possède aussi un véritable restaurant non loin (Huidevettersplein 4, fermé dim. soir sf en été, lun., mar. midi) mais les tarifs sont beaucoup plus élevés.

De 25 à 40 €

26 **Merveilleux** – ***C5*** - *Muntpoort 8 - ✆ 050 61 02 09 - www.merveilleux.eu - tlj sf dim.-lun. et j. fériés 10h-18h - menus lunch 30/32 € env.* Pains garnis, salades inventives, petits plats et très bonnes pâtisseries à déguster dans un cadre calme et agréable.

35 **Réliva** – ***C6*** - *Goezeputstraat 6 - ✆ 050 33 13 07 - www.reliva.be - fermé mar. et merc. - lunch 25 €, plats 18/25 €.* Priorité ici au bio, au local et aux légumes de saison. Servis en salades, relevés de plantes et d'herbes aromatiques, ils accompagnent tataki de bœuf et anguille au vert arrosés de vins biodynamiques, cela va de soi. Charmante terrasse verte et ensoleillée.

36 **Komtuveu** – ***F6*** - *Gentpoortstraat 51 - ✆ 0495 62 53 29 - www.komtuveu.com - lun., jeu., vend. et dim. 12h-14h, 18h-20h45, sam. 18h-20h45 - fermé mar. et merc. - lunch 22 €, menu 40 €, carte 50/63 € - réserv. conseillée.* La cheminée ouverte donne un air de romantisme à Komtuveu, mais ce qui retient surtout l'attention, ce sont ces

préparations modernes, servies dans des bols. Le jeune chef joue avec les saveurs et les textures, à la recherche du bon équilibre, et fait preuve d'un certain savoir-faire.

27 **De Mangerie** – ***D5*** - *Oude Burg 20 - ✆ 050 33 93 36 - www.mangerie.com - fermé de mi-juil. à déb. août, sam. midi, dim., lun. et j. fériés - menus 35/47/57 €.* Les atouts de la maison ? Une salle aux couleurs chaudes, une cuisine ouverte et une intéressante utilisation des épices du monde autour de produits belges de saison.

7 **Den Amand** – ***D5*** - *Sint-Amaraat 4 - ✆ 050 34 01 22 - www.denamand.be - fermé merc. et dim. - menu 37 €.* Dans une rue plutôt dédiée à la restauration « touristique », ce bistrot est une agréable oasis : table traditionnelle où l'on dégustera notamment d'énormes et riches salades (16/23,50 €).

8 **Rock-Fort** – ***F4*** - *Langestraat 15 - ✆ 050 33 41 13 - www.rock-fort.be - fermé merc. midi, sam. et dim. - menu 55 €, plats 23/38 €.* Petit mais costaud ! Déco design et épurée, saveurs musclées pour une cuisine moderne inoubliable.

Tête Pressée – ***Hors plan*** - *Koningin Astridlaan 100 - ✆ 0470 21 26 27 - www.tetepressee.be - lun.-vend. midi, jeu.-vend. soir - menus 25/49 €.* Un vaste comptoir de dégustation et une vitrine réfrigérée où se côtoient des préparations appétissantes et soignées. Regardez le chef à l'œuvre et dégustez !

12 **Tom's Diner** – ***D3*** - *West-Gistelhof 23 - ✆ 050 33 33 82 - www.tomsdiner.be - tlj sf sam. apr.-midi, dim., lun. - menu lunch 20 € env., plats 14,50/28 €.* Voici une sympathique adresse de quartier. Les plats traditionnels ou lorgnant vers la Méditerranée, simples et assez bon marché, sont un délicieux prétexte pour emprunter cette rue calme.

13 **Bistro de Schaar** – ***G5*** - *Hooistraat 2 - ✆ 050 33 59 79 - www.bistrodeschaar.be - tlj sf merc.-jeu. - plats 20/34 €.* À deux pas des péniches, dans un décor inspiré des années 1950, ce chaleureux bistrot prépare des spécialités de grillades très courues.

29 **L'Assiette Blanche** – ***E5*** - *Philipstockstraat 23-25 - ✆ 050 34 00 94 - www.assietteblanche.be - fermé mar.-merc.- menu lunch 24 €, menus 37/51 €, plats 26/39 €.* Une adresse très attachante où l'on s'émerveille en dégustant des classiques franco-belges remis au goût du jour.

15 **Refter** – ***F4*** - *Molenmeers 2 - ✆ 050 44 49 00 - www.bistrorefter.be - tlj sf dim.-lun. - menus lunch 20/25 €, menu 37 €, plats 24/39 €.* Le « réfectoire » est l'annexe du fameux De Karmeliet. Les produits belges de qualité sont cuisinés avec finesse et simplicité. Grande salle au décor contemporain coloré par une mosaïque arty et éclairé par de larges baies vitrées. Élégante terrasse.

16 **In't Nieuw Museum** – ***G5*** - *Hooistraat 42 - ✆ 050 33 12 80 - www.nieuw-museum.com - tlj sf dim.-lun. - plats 22/27 €.* Tout n'est pas parfait dans cet estaminet typique situé sur une place calme d'un quartier résidentiel, mais l'authenticité du lieu plaît. On y propose bien sûr une longue carte de bières... à déguster

Stefaan Declerck/Kok au Vin

Le printemps est de retour au restaurant Kok au Vin.

avec des grillades ou avec la spécialité de la maison, l'anguille au vert.

32 **Lieven** – ***E4*** *- Philipstockstraat 45 - ✆ 050 68 09 75 - www.etenbijlieven.be - tlj sf dim.-lun. - menu lunch entrée + plat 30 €, plats à la carte 32/36 €.* À une rue du Burg, ce restaurant propose une carte de poissons frais et marinés dans un décor contemporain, élégant et calme.

6 **Sans Cravate** – ***G4*** *- Langestraat 159 - ✆ 050 67 83 10 - www.sanscravate.be - 12h-14h, 19h-21h - fermé sam. midi, dim., lun. - menus lunch 35/67 €, menus 69/79/94/108 €.* Ce « théâtre culinaire » fait sensation à Bruges. Dans un intérieur moderne-chic, vous craquerez pour l'une des recettes à base de produits AOC. Excellentes viandes rôties à partager. Notez que l'adresse compte trois luxueuses chambres d'hôtes.

17 **De Stove** – ***D5*** *- Kleine Sint-Amaraat 4 - ✆ 050 33 78 35 - www.restaurantdestove.be - tlj sf merc. et jeu. 11h45-14h, 17h45-21h - menus lunch 21/23,50 €, plats 19/29 €.* Des hôtes accueillants et peu de tables, pour une intimité propice à la dégustation d'une excellente cuisine de saison, à base de produits régionaux. Avis aux amateurs de plats longuement mitonnés, on prépare ici le meilleur hochepot de la ville depuis plus de vingt ans !

24 **Cafedraal** – ***C5*** *- Zilverstraat 38 - ✆ 050 34 08 45 - www.cafedraal.be -*

tlj sf dim. 12h-15h, 18h-23h - menu lunch 17 €, plats 15/53 €. Dans un bel immeuble du 15e s. joliment restauré, proche de la cathédrale, brasserie vivante proposant une carte diversifiée de plats de poisson et de viande. Terrasse estivale.

38 **Franco-Belge** – **G4** - *Langestraat 109 - ✆ 050 69 56 48 - http://restaurantfrancobelge.be - tlj sf dim.-lun. 12h-13h30, 19h-21h - menus lunch 30/35 €, formules 30/55/75 €.* Excellente adresse portée par deux jeunes chefs talentueux. Beaucoup d'inventivité dans cette cuisine locale, légère et riche en sensations, mise au service de la qualité des produits. Les desserts sont à tomber. Cadre moderne, chaleureux et de bon goût.

Plus de 40 €

9 **Den Gouden Harynck** – **E6** - *Groeninge 25 - ✆ 050 33 76 37 - www.goudenharynck.be - fermé de mi-juil. à déb. août, sam. midi, dim.-lun. et j. fériés - menu lunch 45 € (sf w.-end), menus 65 € (sf w.-end), 80/95 €.* Le vétéran de la gastronomie flamande régale toujours avec ses recettes sans cesse renouvelées, teintées de nuances orientales.

19 **Kok au Vin** – **C4** - *Ezelstraat 19-21 - ✆ 050 33 95 21 - www.kok-au-vin.be - tlj sf dim.-lun. - menu lunch 29 €, menus 37/51/60 €.* Le jeune chef fait l'unanimité avec sa cuisine qui conjugue adroitement recettes contemporaines et mets du terroir mis au goût du jour. Ambiance sympathique et excellent rapport qualité-prix. La spécialité de la maison ? Devinez...

20 **Pergola Kaffee** – **E5** - *Meestraat 7 - ✆ 050 44 76 50 - www.pergolakaffee.be - fermé mar.-merc. et 2 sem. en janv.-lunch 25 €,menus 35/60 €.* Chacun trouve son compte parmi les préparations franches et savoureuses de la courte carte de brasserie. Le cadre est au choix : caves séculaires au ras de l'eau, salon-véranda ou terrasse sur le canal...

21 **Patrick Devos** – **C5** - *Zilverstraat 41 - ✆ 050 33 55 66 - www.patrickdevos.be - fermé merc. soir, sam. midi et dim. - menus lunch 35/50 €, menus 40/60/85 €.* Le décor chic et rétro de cette belle maison patricienne met en valeur une cuisine moderne et légère, centrée sur le produit et en harmonie avec les vins.

25 **t'Zwaantje** – **E7** - *Gentpoortvest 70 - ✆ 0473 71 25 80 - www.hetzwaantje.be - fermé lun.-jeu. midi (ouv. autres j. sur demande) - menus 44/69 €.* Aménagé dans l'ancienne demeure d'un marbrier, ce restaurant convivial sert une cuisine franco-belge inventive, assortie d'une carte des vins internationale.

33 **Tanuki** – **E6** - *Oude Gentweg 1 - ✆ 050 34 75 12 - www.tanuki.be - tlj sf lun.-mar. - menus lunch 29/32 €, menus 64/94/87/122 €.* Un authentique coin de Japon à Bruges, où le chef dispose de poissons très frais indispensables à la confection de sushis et sashimis. Dans la salle au décor raffiné, la cuisine est ouverte et on assiste à la préparation des mets. Les menus à midi offrent un bon rapport qualité-prix mais il y a aussi des menus dégustation et une courte carte. Boutique d'articles japonais et traiteur attenants.

DAMME

De 25 à 40 €

De Lieve – *Jacob van Maerlantstraat 10 - ✆ 050 35 66 30 - www.de-lieve.be - fermé lun. soir et mar. - menu 46,50 €, plats 18,50/35 €.* Table généreuse et pleine de saveurs, officiant depuis 1977 au centre de la petite cité. Décor rustique et ambiance « vieille Flandre ».

CÔTE BELGE

OSTENDE

Voir aussi Den Artiest p. 84.

Moins de 25 €

Étals à poisson – *Visserskaai.* Les étals à poisson du Visserskaai furent longtemps une incontestable attraction gastronomique d'Ostende. Le long du quai, une dizaine d'échoppes proposaient des crevettes, langoustines et autres harengs, ainsi que toutes sortes de préparations à base de poisson. Aujourd'hui, si les étals sont toujours là, crevettes et langoustines ont été remplacées par du surimi et des fruits de mer qui proviennent de partout… sauf d'Ostende. Le lieu demeure néanmoins intéressant pour pique-niquer de poisson fumé ou frit et d'escargots de mer. Sur le Vistrap tout proche, la pêche du jour est mise en vente chaque matin.

Peperbusse Bistro – *Sint-Paulusstraat 41 - ✆ 059 43 60 86 - 10h30-18h - menu lunch 10 €, plats 10/20 €.* On s'y attarde autour de cafés de qualité et de plats simples mais bien faits (pâtes, poisson, viande, salades).

Toi Moi et la Mer – *Albert I-Promenade 68 - ✆ 059 80 66 13 - www.toimoietlamer.be/fr - 12h-14h, 18h-21h - fermé lun. (sf mi-juil. à mi-août) et mar. - menus lunch 19,50/22 €, menus 37/47 €, carte 41/63 €.* L'expérience de Christophe, les délices de la mer du Nord, et… vous-même : tels sont les trois ingrédients de cette table agréable, tranquillement installée sur le front de mer. Le chef, passionné d'Italie, fait souffler un vent méditerranéen en cuisine : ses préparations sont pleines de relief et de goût. Un plaisir !

Kombuis – *Van-Iseghemlaan 24 - ✆ 059 80 16 49 - tlj 11h-15h, 18h-23h - fermé 10 j. fin juin - plats 25 € env.* Dans une salle simple et sans chichi, avec vue sur la cuisine ouverte, les moules accommodées avec différentes sauces sont à la fois copieuses et savoureuses.

Plus de 40 €

Savarin – *Albert I-Promenade 75 - ✆ 059 51 31 71 - www.savarin.be - tlj sf mar.-merc. 12h-14h, 18h30-21h - menu lunch 32 €, menus 45/65 €, plats 32/47 €.* Plats gastronomiques à base de produits de saison à déguster face à la mer.

KLEMSKERKE

De 25 à 40 €

De Kruidenmolen – *Dorpsstraat 1 - ✆ 059 23 51 78 - www.kruidenmolen.be - P - fermé merc.-jeu., vend. midi, sam. midi, 23 déc.-6 janv. - menu lunch 29 €, menus 37/51 €.* Dans un charmant village de polder, à 4 km de De Haan (Le Coq), ce restaurant de campagne propose une cuisine élaborée à partir de produits soigneusement choisis chez les agriculteurs locaux. Plats inventifs et cuissons appropriées. La carte change régulièrement, en dehors de quelques classiques comme le pâté maison aux foies de canard et foies de volaille. Au centre de la belle salle à manger, la cheminée mêle la pierre et le bois. Formule lunch d'un bon rapport qualité-prix.

ZEEBRUGGE

De 25 à 40 €

De Kombuis – *Tijdokstraat 4 - ✆ 050 67 83 25 - www.dekombuis.be - tlj sf mar. soir, merc. et sam. soir - plats 20/26,50 €.* Outre un déjeuner bon marché en semaine, cet établissement au décor moderne affiche un menu de recettes simples mais efficaces, où les produits de la mer ont la part belle.

KNOKKE-HEIST

Le Tire-Bouchon, Aquilon, Cuines33, Lispanne, Jardin Tropical, Bartholomeus... et bien d'autres adresses à conseiller ! Avec ses bistrots, brasseries et restaurants gastronomiques, Knokke est une étape privilégiée des gourmets !

Plus de 40 €

La Croisette – *Van Bunnenplein 24 - 8300 Knokke-Heist - ✆ 050 61 28 39 - fermé lun. et mar. - menus 40/48 €.* La cuisine classique et savoureuse, ainsi que la vue imprenable sur l'esplanade font le succès de cette institution locale.

Sel Gris – *Zeedijk 314 - ✆ 050 51 49 37 - www.selgris.be - tlj sf merc.-jeu. - menus 42 € (sf dim. et j. fériés), 72/102 €.* Le long de la digue de mer, ce restaurant sobre et contemporain jouit d'une vue sur la plage. La carte propose un choix limité de plats mais créatif. Excellente carte des vins.

Prendre un verre

La tentation est grande d'interrompre la balade pour savourer une bière dans un estaminet ou un *kroegen*, un petit noir serré dans un café ou un onctueux chocolat chaud dans un salon de thé. Certains établissements se convertissent même en galerie d'art ou en salle de concert.

Courir la gueuze p. 132.

Repérez les adresses sur le plan détachable et sur le zoom p. 15-16 grâce aux pastilles numérotées (ex. 1). Les coordonnées en rouge font référence au plan détachable.

BRUGES

Salons de thé, glaciers

Particulièrement appréciés en hiver pour leurs boissons chaudes, ils servent aussi petits-déjeuners ou repas légers à midi.

1 **Ijssalon Da Vinci** - ***C5*** - *Geldmuntstraat 34 - 050 33 36 50 - www.davinci-brugge.be - 11h-22h, dim. 12h-22h.* On y déguste, paraît-il, la meilleure crème glacée de Bruges. Mais aussi… yaourts pauvres en calories et glaces diététiques.

2 **De Proeverie** - ***D6*** - *Katelijnestraat 6 - 050 33 08 87 - www.sukerbuyc.be/de-proeverie - 9h30-18h - fermé lun.* Une adresse réputée pour son chocolat chaud.

3 **De Prestige** - ***D4*** - *Vlamingstraat 64 - 050 34 53 85 - www.patisserieprestige.be - tlj sf lun. 7h-18h.* Salon de thé très « fleurs-coussins-moquette », prisé par une clientèle d'un certain âge. Chocolats chauds, pâtisseries, petite restauration, crêpes, etc.

Cafés et tavernes

Autour d'Eiermarkt, les cafés sont nombreux et très fréquentés en soirée par les jeunes, le centre historique recèle également des lieux plus typés ou cosy (ainsi Cranenburg sur le Markt). Mais pour profiter de l'atmosphère particulière d'un estaminet de quartier, préférez les zones résidentielles (au sud d'Astridpark, autour de l'église

S. Black/Robert Harding Picture Library/age fotostock

Le Brugs Beertje.

St-Gilles). Que ce soit sur le Zand, Eiermarkt ou dans les petites rues calmes, les terrasses prolongent les cafés au moindre rayon de soleil.
N'oubliez pas de faire un tour à L'Estaminet (p. 66) et à De Zwarte Kat au musée de la Vie populaire (p. 36).

13 **Café Pick** – ***D5*** - *Eiermarkt 12 - 0476 41 09 90 - www.cafe-pick.be - tlj 11h-4h.* Derrière la Grand-Place, ce bar/brasserie est le rendez-vous des jeunes fêtards brugeois qui viennent y danser jusqu'à l'aube. Venir après 23h.

14 **De Kelk** – ***G4*** - *Langestraat 69 - 050 66 60 03 - http://dekelk.be - tlj sf dim. et lun. à partir de 15h.* Dans le quartier en vogue, en face de l'institution rock « The Crash », ce bar à la décoration classique et élégante réunit les amateurs de bière et de musique live - plutôt rock - grâce à sa salle de concert aménagée.

15 **De Republiek** – ***C4*** - *Sint-Jakobsstraat 36 - 050 73 47 64 - http://republiekbrugge.be - merc.-dim. 12h-1h, lun.-mar. 17h-0h.* C'est le rendez-vous branché intergénérationnel. On y vient nombreux aux beaux jours pour sa grande cour intérieure joliment aménagée et son ambiance décontractée. Belle carte de bières.

16 **Bar'n** – ***D5*** - *Sint-Amandsstraat 2 - 0468 22 48 85 - tlj sf dim. 16h-1h (vend.-sam. 2h).* À deux pas de la Grand-Place, ce bar intime et cosy privilégie les whiskies et autres alcools forts. Carte

Femke den Hollander/De Republiek

De Republiek, cour intérieure.

de bières respectable mais courte. Fermeture aléatoire.

5 **Brugs Beertje** – ***D5*** - *Kemelstraat 5 - ✆ 050 33 96 16 - www.brugsbeertje.be - 16h-0h (vend.-sam. 1h) - fermé merc.* En plein centre, un incontournable pour qui apprécie la bière. Carte longue de plus de 300 références! Atmosphère cosy et brugeoise.

6 **De Garre** – ***E5*** - *De Garre 1 - ✆ 050 34 10 29 - www.degarre.be - 12h-0h, vend. 12h-0h30, sam. 11h-0h30.* Caché dans un passage, près de la Grand-Place, ce joli café traditionnel propose plus de 130 bières, dont la fameuse Triple Garre, unique et détonante.

7 **De Halve Maan** – ***D7*** - *Walplein 26 - ✆ 050 44 42 22 - www.halvemaan.be - 12h-15h - fermé le soir.* *Courir la gueuze p. 132.*

8 **Concertgebouwcafe** – ***C6*** - *'t Zand 34 - ✆ 050 47 69 99 - www.concertgebouw.be - ♿ - merc.-sam. à partir de 11h (dim. 10h) - fermé 1er janv. et 25 déc.* Situé au sein du vaisseau amiral de la culture à Bruges, ce café vaut la peine de s'y arrêter.

9 **Bar des Amis** – ***D5*** - *Eiermarkt 19 - www.bardesamis.be - 12h-4h.* Un café populaire et chaleureux sur la place la plus « arrosée » de la ville.

10 **De Kroon** – ***A2*** - *Houtkaai 2 - ✆ 050 31 53 89 - tlj sf lun. 11h30-14h, 19h-22h.* Une belle adresse, très appréciée des habitués du coin. Carte de cuisine du monde pour les faims plus sérieuses.

11 **'t Risico** – ***F4*** - *Jeruzalemstraat 53 - ✆ 050 49 11 69 - www.trisico.be - à partir de 16h - fermé lun.* L'adresse idéale pour « essayer » un café brun du quartier de Ste-Anne.

12 **Bourgogne des Flandres** – ***E5*** - *Kartuizerinnenstraat 6 - ✆ 050 33 54 26 - www.bourgognedesflandres.be - mar.-dim. 10h-19h.* *Courir la gueuze p. 132.*

DAMME

Salon de thé

Tante Marie – *Kerkstraat 38 - ✆ 050 35 45 03 - www.tante-marie.be - 10h-18h.* Intérieur chaleureux, terrasse à l'arrière et, surtout... chocolat chaud et gâteaux délicieux. Mais c'est cher! La petite restauration (croquettes, quiches, salades) s'avère aussi bonne et moins coûteuse.

CÔTE BELGE

OSTENDE

Cafés et tavernes

Les cafés et les tavernes ne manquent pas, même s'il s'agit moins désormais d'étancher la soif des marins et des pêcheurs que d'abreuver les touristes et les fêtards venus de tout le pays.

Les cafés-terrasses sont nombreux sur le Visserskaai (quai des Pêcheurs) et le front de mer. Les rues du centre-ville comptent des adresses plus variées.

On pourra prendre un verre à la **brasserie de l'hôtel du Parc** (*p. 88*) pour apprécier son décor Art déco, ou encore à **Den Artiest** (*p. 84*), un café autant qu'un espace culturel.

't Waterhuis – *Vindictivelaan 35 - ✆ 059 80 32 73 - www.*

SIME/G. Gräfenhain/Sime/Photononstop

En terrasse face à la plage d'Ostende.

waterhuisoostende.be - tlj 11h-23h (cuisine ouverte 11h30-22h). Pour boire un verre ou se restaurer en toute simplicité face à l' « Amandine », le pêcheur d'Islande rénové, le plus ancien café de la ville attire tous les publics et ne désemplit jamais.
't Botteltje – *Louisastraat 19 - ✆ 059 70 09 28 - www.cafebotteltje.be - 11h30-1h, lun. 16h30-1h, vend.-sam. 11h30-2h.* L'établissement est connu pour son grand choix de genièvres et de bières. Carte régulièrement renouvelée.

Salon de thé

Caruso – *Nieuwstraat 29 - ✆ 059 51 21 77 - www.caruso.be - tlj sf lun.-mar. 7h-19h (salon de thé 18h).* Des pâtisseries - dont un bon appelcake - à consommer sur place ou à emporter, mais aussi des chocolats et biscuits.

KNOKKE-HEIST

Les cafés et terrasses chic abondent le long de Kustlaan et Dumortierlaan notamment. Vous n'aurez que l'embarras du choix dans ces lieux où l'on vient autant pour prendre un verre que pour voir et être vu.

Shopping

Chocolat, biscuits, bière, dentelle, design, mode, telles sont les vedettes du shopping brugeois. Les principales rues commerçantes s'étirent entre la Grand-Place et les portes de la ville. Parmi celles-ci : Steenstraat, Simon Stevinplein, Zuidzandstraat, Geldmuntstraat, Noordzandstraat, Wollestraat et Katelijnestraat.
La plupart des magasins sont ouverts du lundi au samedi (voire le dimanche pour les boutiques touristiques), de 9h à 18h, parfois plus tard le vendredi soir.
Repérez les adresses sur le plan détachable et sur le zoom p. 15-16 grâce aux pastilles numérotées (ex. 1). Les coordonnées en rouge font référence au plan détachable.

Handmade in Brugge

Si le talent des chocolatiers brugeois n'est plus à démontrer, de nombreux autres créateurs perpétuent l'esprit de tradition et d'innovation à Bruges. Afin de mettre en lumière leurs savoir-faire dédiés à une production artisanale et locale, la ville s'est dotée d'un parcours intitulé : « Handmade in Brugge ». Une carte détaillée (à retrouver dans l'application gratuite « Xplore Bruges ») répertorie ainsi les adresses des ateliers/boutiques de ces amoureux de la pâtisserie, de la gravure sur pierre, du design, de la calligraphie, de l'impression 3D, du cyclisme, etc.
www.handmadeinbrugge.be/francais

BRUGES

Marchés

Marchés (8h-13h) – Grand-Place (alimentation) le merc. ; 't Zand et Beursplein (produits en tous genres) le sam. ; Vismarkt (poisson) du mar. au sam. ; marché aux antiquités et à la brocante le long du Dijver et au Vismarkt du 15 mars au 15 nov., w.-end et j. fériés, 10h-18h.

Bières

Comptant plus de 800 références, la collection de bières belges offre une diversité unique au monde. Nombre de boutiques, le long de Katelijnestraat et Mariastraat notamment, proposent une grande variété de bières en bouteilles et de verres adéquats.
Courir la gueuze p. 132.

Chocolat et friandises

Bruges, comme Bruxelles, est renommée pour ses spécialités de **chocolat**. La ville compte d'innombrables enseignes qui varient fortement en prix et en qualité... les deux n'étant pas toujours liés. Parmi les spécialités, goûtez le *brugsch swaentje* en forme de cygne. Ne négligez pas non plus le pain d'épice et les **biscuits**, tels les *speculoos* ou les *brugse acht* (nœuds de Bruges).
Du sucre et de l'iode p. 134.

2 **The Chocolate Line** – ***D5*** - *Simon Stevinplein 19 - 050 34 10 90 - www.thechocolateline.be - 9h30-18h30, dim.-lun. 10h30-18h30.* Le

chocolat sous toutes ses formes : lettres, pralines classiques ou originales (wasabi, oignons frits, etc.), œufs, rouge à lèvres au chocolat... Au fond, à travers une fenêtre, on aperçoit l'atelier du maître chocolatier.

3 **Juliette's** – ***E5*** - *Wollestraat 31a - ✆ 050 34 84 40 - www.juliettes.be - 10h-18h (sam. 18h30).* Adorable petite boutique où vous craquerez (et croquerez) forcément pour quelques-uns des biscuits proposés. Au choix : divers speculoos bien sûr, dont ceux d'Hasselt, très tendres, mais aussi des pains d'épices, pains à la grecque, nœuds de Bruges, etc.

4 **Pâtisserie Academie** – ***D4*** - *Vlamingstraat 56 - ✆ 050 68 92 91 - www.patisserieacademie.be - merc.-vend. 10h-18h30, sam.-dim. 9h-18h30.* Un minuscule espace, où toute résistance s'avère impossible face aux glaces et gâteaux proposés.

5 **Bakkerij Schaverbeke** – ***F6*** - *Schaarstraat 2 - ✆ 050 33 31 82 - www.schaeverbeke.be - tlj sf jeu. 7h30-19h.* Une jolie petite boulangerie de quartier où acheter quelques spécialités locales (tartes au maton, galettes) ou un en-cas bienvenu (gaufres, crêpes, cakes).

6 **BbyB** – ***D5*** - *Sint-Amaraat 39 - ✆ 050 70 57 60 - www.bbyb.be - mar.-sam. 10h-13h, 13h30-18h.* Les bouchées de chocolat garnies d'inoubliables ganaches (cerise, Babelutte, speculoos...) sont présentées dans d'élégantes petites boîtes numérotées et colorées façon Pantone. Aussi beau que bon? À vous de voir...

31 **De Clerck** – ***D4*** - *Academiestraat 19 - ✆ 050 34 53 38 - tlj sf mar. et dim. 10h-12h, 13h-18h.* Cette confiserie qui existe depuis plus d'un siècle est le passage obligé des amateurs brugeois. La gamme s'est étendue et on y trouve aussi des chocolats, des pâtes d'amande, des nougats... à des prix intéressants.

32 **Sweertvaegher** – ***E4*** - *Philipstockstraat 29 - ✆ 050 33 83 67 - www.sweertvaegher.be - mar.-dim. 9h30-18h30.* Pour les amateurs, c'est l'un des trois meilleurs chocolatiers de la ville dont il a contribué à installer la tradition depuis 1950. Tout y est encore préparé à l'ancienne, et fidèle aux convictions des « puristes », on n'y trouve pas de chocolat blanc.

33 **Spegelaere** – ***B3*** - *Ezelstraat 94 - ✆ 050 33 60 52 - www.sweetchocolatedreams.be - 8h30-12h, 13h30-18h30, dim. 9h-13h.* Cette chocolaterie, parmi les plus anciennes en activité à Bruges, est un secret bien gardé. Peu de touristes ici, car la boutique est hors du centre historique, mais des initiés qui se délectent de la spécialité de la maison : les Brugge Kasseien (pavés de Bruges).

34 **Galler** – ***D5*** - *Steenstraat 5 - ✆ 050 61 20 62 - www.galler.com - 10h-19h, dim. 11h-17h.* La marque qui a fêté ses 40 ans en 2016 n'est pas l'une des plus anciennes mais c'est l'une des plus prestigieuses puisqu'elle est l'un des cinq chocolatiers fournisseurs officiels de la cour royale de Belgique. Vaste gamme de tablettes, de truffes et de pralines aux parfums parfois surprenants (curry, lavande) mais toujours excellents.

Pour les gourmets

Les fromages, charcuteries et produits de la mer vendus sur les marchés et dans les *delicatessen* sont une bonne introduction à la gastronomie belge.

7 **Diskmuids Boterhuis** – ***D5*** - *Geldmuntstraat 23 - ✆ 050 33 32 43 - www.diksmuidsboterhuis.be - tlj sf dim., lun. et j. fériés 10h-12h30, 14h-18h30.* Cette épicerie-fromagerie-charcuterie officie depuis 1933. Poussez la porte et humez les parfums des meilleurs produits belges.

8 **Kaashuis Den Hof** – ***E5*** - *J. Suveestraat 6 - ✆ 050 34 57 77 - www.kaashuysdenhof.be - mar.-sam. 9h-18h30, dim. 9h-13h.* Cette sympathique et très sérieuse fromagerie de quartier offre l'occasion de découvrir les nombreux fromages belges.

G. Azumendi/age fotostock

Brocante le long du Dijver.

BD, livres, musique

9 **De Reyghere** – ***D5*** - *Markt 12 - ✆ 050 33 34 03 - www.dereyghere.be - tlj sf dim. 9h-18h.* Cette librairie ouverte depuis 1888 fournit quotidiens et magazines, mais aussi guides et plans.

28 **Raaklijn** – ***D4*** - *Kuipersstraat 1 - ✆ 050 33 67 20 - www.raaklijn.be - tlj sf dim. 9h-18h.* Ouvert depuis 1961, c'est l'autre lieu prisé des amateurs brugeois de littérature.

10 **Rombaux** – ***E5*** - *Mallebergplaats 13 - ✆ 050 33 25 75 - www.rombaux.be - 10h-12h30, 14h-18h30, lun. 14h-18h30, sam. 10h-18h - fermé dim. et j. fériés.* Dans un décor centenaire, grand choix de musique classique et conseils professionnels.

11 **De Striep** – ***D6*** - *Katelijnestraat 42 - ✆ 050 33 71 12 - www.striepclub.be - mar.-sam. 10h-12h30, 13h30-19h, lun. 13h30-19h, 1er dim. du mois 14h-18h.* De la BD belge bien sûr, des mangas évidemment, en néerlandais et en français, neufs ou d'occasion, une vraie caverne d'Ali Baba.

Déco, design

36 **Maud Bekaert** – ***D3*** - *Sint-Clarastraat 40 - ✆ 0475 26 95 58 - http://maudbekaert.be - vend. 10h-12h, 14h-18h, sam. 10h-13h.* Dans son charmant atelier-boutique, cette jeune artiste tailleur de pierre propose pièces et moulages sur lesquels sont gravés, dans un style typographique, messages et petites phrases extraites

de ses lectures ou des créations de son mari poète.

35 **Serendipity** – *C4* - *Sint-Jakobsstraat 56 - 050 66 53 05 - http://serendipity-store.be - tlj sf dim. et lun. 10h30-12h30, 13h30-18h30.* Chinés au grés des voyages et des rencontres par la propriétaire, architecte d'intérieur, les objets rassemblés dans ce concept store rendent hommage à l'artisanat et aux matières brutes. Pots en bois, vases en céramique, tentures de lin, etc., se distinguent par leur sobriété chaleureuse.

12 **De Ark van Zarren** – *D6* - *Nieuwstraat 9 - 050 33 77 28 - www.arkvanzarren.be - 10h-18h30, sam. 9h30-18h30, dim. 11h15-18h30.* La vie à la campagne au cœur de la ville. Cette boutique au décor rustique est destinée aux amateurs de produits de bain artisanaux, literie romantique, boîtes en fer blanc et panneaux publicitaires anciens ; vaisselle de table et objets de décoration murale.

13 **Callebert** – *E5* - *Wollestraat 25 - 050 33 50 61 - www.callebert.be - tlj sf dim. 10h-18h.* Vous craquerez forcément pour un meuble ou un bibelot inutile, donc nécessaire, dans ce temple du design moderne et de la déco belge ou internationale, pour les grands comme pour les petits.

14 **Dille & Kamille** – *D5* - *Simon Stevinplein 17-18 - 050 34 11 80 - www.dille-kamille.be - 9h30-18h30, dim. 11h-18h30.* Rendre beaux les objets du quotidien, prendre plaisir aux gestes les plus simples, telle est la philosophie de cette enseigne bien connue en Belgique. Au choix : vaisselle, ustensiles et gadgets.

Dentelles et broderies

15 **'t Apostelientje** – *F4* - *Balstraat 11 - 050 33 78 60 - www.apostelientje.be - 9h30-12h15, 13h15-17h, mar. 13h-17h, dim. 9h30-13h - fermé lun.* La boutique de référence en matière de dentelle ancienne ou contemporaine.

16 **'t Handwerkhuisje** – *D6* - *Katelijnestraat 23 - 050 33 81 29 - www.handwerkhuisje.be - tlj 10h-18h.* Envie de vous mettre (ou remettre) à la broderie ? Vous trouverez ici toutes les idées et le matériel nécessaires.

1 **Maison Pickery** – *D5* - *Breidelstraat 8 - 050 33 07 24 - www.maisonpickery.com.* Des robes de baptême, des bonnets pour nouveau-nés.

30 **Scharlaeken-Handwerk** – *D5* - *Philipstockstraat 5 - 050 33 34 55 - www.scharlaeken.be - lun.-sam. 10h-13h, 13h45-18h (mar. et jeu. apr.-midi seult).* Depuis 1798, le temple du loisir créatif en termes de broderie et de dentelle : tout le matériel nécessaire à la réalisation d'ouvrages est réuni ici. Vous trouverez des kits de point de croix, des tissus au mètre, ainsi que des livres et des accessoires.

Pour les enfants

17 **Lunabloom** – *E5* - *Eekhoutstraat 17 - 050 34 75 09 - www.lunabloom.be - 10h-12h30, 14h-18h, lun. et jeu. 14h-17h, merc. 10h-12h30, 14h-17h - fermé dim.* Pour faire plaisir à vos enfants, neveux et nièces à votre retour, poussez la porte de cette boutique et choisissez parmi un choix original de jouets et d'objets de design.

29 De Krokodil - **C4** - *Sint-Jakobsstraat 47 - ✆ 050 33 75 79 - www.krokodil.be - lun.-sam. 10h-12h30, 14h-18h30.* Une boutique qui privilégie les jouets en bois originaux et de qualité. On y trouve aussi des jeux de société, maisons de poupées, châteaux, sets de bricolage, diabolos, échasses de cirque, casse-têtes, livres...

Brocante et antiquités

18 Pollentier-Maréchal - **D6** - *Sint-Salvatorkerkhof 8 - ✆ 050 33 18 04 - http://pollentier-marechal.be - mar.-vend. 14h-18h, sam. 10h-12h, 14h-18h.* Cet antiquaire est spécialisé dans les gravures anciennes, les estampes et les eaux-fortes représentant Bruges et ses habitants.

19 Depot d'O - **E4** - *Ridderstraat 21 - ✆ 0495 23 65 95 - http://kurtdepotdo.pythonanywhere.com - 14h-18h - fermé dim., mar. et merc.* Dans cette belle maison d'angle à pignon, une brocante du monde entier colore vos pupilles et vos idées.

Mode

20 L'Héroïne - **C5** - *Noordzaraat 32 - ✆ 050 33 56 57 - www.lheroine.be - lun.-merc. 10h-13h, 14h-18h, jeu.-sam. 10h-18h - fermé dim.* Le temple de la mode belge à Bruges, une annexe incontournable pour les créateurs d'Anvers et de Bruxelles !

21 Knapp Targa - **C6** - *Zuidzaraat 20-22 - ✆ 050 33 31 27 - tlj sf dim. 10h-18h30.* Cette boutique établie de longue date habille les élégantes Brugeoises. Mode belge et internationale.

22 Lee : Loo - **D5** - *Sint-Jakobsstraat 19 - ✆ 050 34 04 55 - www.leeloo.be - tlj sf dim. 10h-18h.* La Mecque locale des amateurs de vêtements casual, sportifs et branchés.

Chaussures et accessoires

23 Quicke - **C6** - *Zuidzaraat 23 - ✆ 050 33 23 00 - www.quicke.be - tlj sf dim. 10h-18h30.* Les pieds des plus exigeants d'entre vous trouveront forcément leur bonheur dans cette boutique centenaire et un peu rétro, dédiée à la chaussure de luxe.

24 Delvaux - **D5** - *Breidelstraat 2 - ✆ 050 49 01 31 - www.delvaux.com - tlj sf dim. 10h-18h.* Enseigne locale du célèbre maroquinier belge (le plus ancien d'Europe) qui fournit la famille royale depuis des décennies.

25 Kin Gin - **C4** - *Ezelstraat 27 - ✆ 050 34 19 09 - www.kingin.be - 14h-18h30, sam. 9h30-12h30, 13h30-18h30 - fermé dim.-lun.* « Or-argent » (en japonais) est la belle boutique-atelier de deux créateurs où vous trouverez à coup sûr le bijou qu'il vous « faut ».

26 Kipling - **D5** - *Geldmuntstraat 41 - ✆ 050 34 77 40 - www.kipling.com - tlj sf dim. 10h-18h.* Fondée en 1987 à Anvers, la célèbre marque au singe a rapidement conquis le monde avec ses collections de sacs « décontractés » pour tous.

27 Hoet - **D4** - *Vlamingstraat 19 - ✆ 050 33 50 02 - www.hoet.be - 8h-18h30, sam. 9h-18h - fermé dim.* Depuis des années, ce créateur de lunettes belges, le plus en vue, embellit les vedettes comme les anonymes du monde entier.

CÔTE BELGE

OSTENDE

Les commerces sont répartis le long de la rue piétonne Kapellestraat (enseignes internationales), Wapenplein (centre commercial dans l'ancien hôtel de ville), Vlaanderenstraat, Adolf Buylstraat (mode) et Witte Nonnenstraat. La plupart des commerces restent ouverts le dimanche pour satisfaire les Belges venus « à la côte ».

Marchés

Marchés – Le jeudi est le principal jour de marché : en matinée jusqu'à 13h sur Wapenplein, Mijnplein et Groentenmarkt. Même chose le samedi sur ces deux dernières places. Marché aux fleurs le dimanche matin sur Wapenplein et petit marché aux poissons (Vistrap) sur le port (Visserskaai). Se restaurer p. 71.

Mode

Pied de Poule – *Van Iseghemlaan 88 - 059 43 54 51 - www.pieddepoulesuper.be - 10h-13h, 14h-18h, mar. 13h-18h, vend.-sam. 10h-18h (dim. de mi-avr. à mi-sept.).* Habits de créateurs, bijoux, accessoires, souliers, un paradis pour les fashion victims ! Au menu Essentiel, Christa Reniers, Marc by Marc Jacobs, etc.

BLANKENBERGE

Chocolat et friandises

Moeder Babelutte – *Kerkstraat 70 - 050 41 21 72 - www.moederbabelutte.be.* Les emballages bleu et blanc de cette confiserie de Blankenberge sont connus dans tout le pays. On y trouve de délicieuses friandises dans lesquelles le nougat et le chocolat ont la part belle. Également boissons sucrées et pralines.

KNOKKE-HEIST

Enseignes internationales, grands noms du luxe (mode, design), galeries d'art et excellents spécialistes de l'alimentation se concentrent le long de Lippenslaan (entre la gare et la plage), Dumortierlaan et Kustlaan (parallèle à la plage), surnommés le **triangle d'or**. Les magasins sont en général ouverts tous les jours, y compris dim. et j. fériés.

Mode et accessoires

Ironie Knokke – *Kustlaan 75 - 050 62 98 02 - www.ironie.be - 10h-18h30.* Depuis des années, cette enseigne phare du luxe en Belgique propose une sélection des grands noms de la mode : prêt-à-porter, sacs, etc.

Sortir

Les offices de tourisme (*p. 96*) distribuent le magazine gratuit *events@brugge* qui donne une vue générale des événements en ville, voire sur la côte.
Pour la liste des concerts à Bruges et la réservation de billets, consultez : **www.cactusmusic.be** ou **www. ticketsbrugge.be**. Les billets pour certains spectacles peuvent être aussi en vente dans les offices de tourisme.
Sur le site du **Cultuurcentrum Brugge** (www.ccbrugge.be) sont présentés les événements (rock, danse, théâtre, musique classique, etc.) qui se déroulent dans sept lieux culturels brugeois. Réservation possible par téléphone 050 44 30 60.
Les événements (musique, théâtre, cinéma, fêtes) sont également détaillés sur le site **www.out.be**.
Repérez les adresses sur le plan détachable et sur le zoom p. 15-16 grâce aux pastilles numérotées (ex. 1). Les coordonnées en rouge font référence au plan détachable.

BRUGES

Salles de théâtre et de concert

1 **Concertgebouw** – **C6** - *'T Zand 34 - 050 47 69 99 - www. concertgebouw.be - ♿ - billetterie 10h-17h, dim. 10h-14h - fermé 1er janv. et 25 déc.* Cet édifice, construit en 2002 par les architectes Robbrecht et Daem, est réputé pour son acoustique. Concerts et spectacles de danse dans la salle de musique de chambre (320 places), ou dans la grande salle de 1295 places.

2 **KAAP** – **C2** - *Werfstraat 108 - 050 33 05 29 - www.kaap.be.* Réputé pour ses concerts de jazz, blues et musique contemporaine, et pour sa programmation théâtrale destinée aux enfants.

3 **Magdalena (MaZ)** – **A7** - *Magdalenastraat 27 - 050 44 30 40 - www.ccbrugge.be - ♿.* Cette salle communale de 400 à 1000 places accueille théâtre d'avant-garde, danse, concerts et spectacles pour enfants.

4 **Théâtre municipal (Stadsschouwburg)** – **D4** - *Vlamingstraat 29 - 050 44 30 40 - www.ccbrugge.be - ♿ - tlj.* Danse contemporaine, œuvres théâtrales et concerts animent le foyer luxueux et la salle tout en dorure de ce théâtre de 1869 (remarquablement conservé).

Cinémas

Les films sont en général présentés en VO sous-titrée en flamand.

6 **Cinéma Liberty** – **D4** - *Kuipersstraat 23 - 050 33 20 11 - www.cinema-liberty.be.*

5 **Cinéma Lumière** – **C4** - *Sint-Jakobsstraat 36 - 050 34 34 65 - http://lumierecinema.be.* Hôte du festival Mooov, il propose une programmation éclectique en VO sous-titrée.

Cafés et clubs

La réputation de Bruges en matière de vie nocturne reste à faire...

Les jeunes lui préfèrent Gand l'estudiantine ou Ostende la balnéaire. Mais on trouvera des bars et cafés autour d'**Eiermarkt** et du 't Zand.

7 **Cultuurcafé Biekorf** – ***D4*** - *Naaldenstraat 4 - ✆ 050 47 24 00 - www.ccbrugge.be - 11h-18h, sam. 11h-17h - fermé dim.* Sorte de QG culturel local, ce café est animé par diverses représentations originales, des pièces de théâtre et des concerts.

8 **De Versteende Nacht** – ***F4*** - *Langestraat 11 - ✆ 050 68 81 77 - tlj sf dim.* Se muant fréquemment en jazz-café, ce bar-restaurant propose une programmation de qualité.

9 **Charlie Rockets** – ***E5*** - *Hoogstraat 19 - ✆ 050 33 06 60 - www.charlierockets.com - tlj.* Dans un ancien cinéma, ce bar très animé programme des soirées électro ou des concerts rock.

OSTENDE ET LA CÔTE

Centre culturel

CC De Grote Post – *H. Serruyslaan 18a - ✆ 059 33 90 00 - www.degrotepost.be - 10h-18h, sam. 14h-18h - fermé dim.* L'ancienne poste s'est muée en un centre culturel à la programmation variée (musique, théâtre, danse). À voir aussi pour la salle de poste conservée en l'état.

Cafés et clubs

Ostende est parfois surnommée « Bruxelles à la côte ». Le samedi soir et plus encore en été, une partie des noctambules belges – ceux qui ne sont pas dans la capitale, à Liège, à Anvers ou à Gand – convergent vers les cafés et clubs de **Langestraat**. Attention, les noms et lieux changent souvent. La folle nuit s'achève immanquablement sur la plage.

Den Artiest – *Kapucijnestraat 13 - ✆ 059 80 88 89 - www.artiest.be - 11h-0h30.* Restaurant, taverne, galerie d'art, salle de spectacles, un temple des soirées locales dans une ancienne manufacture Art déco.

La Fayette – *Langestraat 12 - ✆ 0475 65 89 31 - tlj 14h-2h.* C'est LE lieu de la musique soul et funky !

Flight 90 Ostende – *Monacoplein - ✆ 0485 56 85 73 - www.flight-90.be.* Au sein de l'historique casino, l'étape locale incontournable pour les DJ's belges ou internationaux.

À **Knokke**, on préfère jouer la carte des cafés-lounge et des soirées VIP.

Salles de spectacle et casinos

Casino d'Ostende (Kursaal) – *Monacoplein/Oosthelling - ✆ 059 70 51 11 - www.casinooostende.be - tlj 9h-7h.* Du premier édifice en bois du 19e s. à l'immense vaisseau de 1953, le casino est depuis des décennies au cœur de la cité. Lieu polyvalent, il fait office de casino bien sûr (tlj à partir de 15h), mais aussi de salle de spectacles, de discothèque, et il abrite des restaurants. Billets en vente sur place, à l'office de tourisme.

Casino de Knokke – *Zeedijk-Albertstrand 509 - 8300 Knokke-Heist - ✆ 050 63 05 00 - www.grandcasinoknokke.be - dim.-jeu. 11h-4h, vend.-sam. 11h-5h.* Salles de jeux, restaurants et soirées organisées.

Autres casinos dédiés aux jeux à Blankenberge et Middelkerke, ou proposant des événements à Koksijde (Coxyde).

Le centre culturel De Grote Post, à Ostende.

Se loger

Hôtels de charme, pensions luxueuses ou bon marché, auberges de jeunesse ou autres, vous n'aurez que l'embarras du choix pour vous loger au cœur de la cité historique. Ambiance « d'époque » ou design contemporain, vue sur les canaux ou calme villageois des rues résidentielles autour de l'Astridpark ou de l'église St-Gilles, tout est possible.

Bien que les hôtels et chambres d'hôte se comptent par dizaines à Bruges et sur la côte, la **réservation** est impérative en haute saison et durant les week-ends, lorsque affluent les touristes et que grimpent les tarifs. Faites-vous préciser si le paiement par carte bancaire est accepté et si l'établissement est équipé d'un parking au cas où vous seriez motorisé. Sachez enfin que nombre d'hôtels ferment durant quelques semaines en hiver et, qu'en haute saison, un supplément est parfois demandé pour un séjour de moins de deux nuits.

Pour vous aider à choisir, consultez le site de l'office de tourisme qui détaille l'intégralité de l'offre d'hébergement. Il est également possible d'effectuer une réservation de dernière minute dans ses bureaux.

Pour plus d'informations sur les quelque 200 **chambres d'hôtes** – un mode d'hébergement recommandé – voyez l'excellent site www.brugge-bedandbreakfast.com.

Repérez les adresses sur le plan détachable grâce aux pastilles numérotées (ex. 1). Les coordonnées en rouge font référence à ce même plan. Les tarifs correspondent au prix minimum d'une chambre double en haute saison.

BRUGES

Auberge de jeunesse

2 **AJ Bauhaus** – **G4** - *Langestraat 133-137 - 050 34 10 93 - www.bauhaus.be - 130 lits en dortoir 18/26 €, 21 ch. doubles 45 €.* On choisit ici entre des lits en dortoir, des Pod Beds (lits capsules) et des chambres séparées, répartis dans deux petites maisons. Cybercafé, laverie, location de vélos. Pas vraiment calme mais central.

De 65 à 110 €

22 **Martin's Brugge Hotel** – **D5** - *Oude Burg 5 - 050 44 51 11 - www.martinshotels.com/fr/hotel/martins-brugge - P 30 €/nuit (réserv. recommandée) - 2 ch. - 199 ch. 65/160 € - 15/20 €.* Un hôtel bien placé dans une rue calme, à deux pas du Burg et du Markt. Les chambres sont modernes et très confortables.

3 **Ter Reien** – **F4** - *Langestraat 1 - 050 34 91 00 - www.hotelterreien.be - 26 ch. 69/159 €.* Excellent rapport qualité-prix pour cette adresse « les pieds dans l'eau ». Belles chambres fonctionnelles, toutes bien orientées côté canal, rue ou patio. En été, agréable petit-déjeuner en plein air.

6 **Maraboe** – ***B6*** - *Hoefijzerlaan 9 - ✆ 050 33 81 55 - www.hotelmaraboe.be - P 15 €/nuit (réserv. recommandée) - fermé janv. et 24 déc. - 14 ch. 80/110 € ☕.* Ce modeste hôtel familial abrite des chambres vastes et très propres. Accueil chaleureux. Situé près du Zand, de la salle de concert et des rues commerçantes. Sauna, solarium et salle de sport.

4 **De Goezeput** – ***C6*** - *Goezeputstraat 29 - ✆ 050 34 26 94 - www.hotelgoezeput.be - 15 ch. 82/176 € ☕.* Difficile de ne pas tomber sous le charme de cet hôtel qui reste abordable pour des prestations de qualité. La massive maison patricienne du 18e s. renferme de confortables chambres rénovées, dans un décor à la fois rustique et moderne des plus réussis.

5 **Van Eyck** – ***D5*** - *Korte Zilverstraat 7 - ✆ 050 33 52 67 - www.hotelvaneyck.be - P 8 €/jour (réserv. recommandée) - 8 ch. 65/125 € - ☕ 5 €.* Dans une maison du 17e s., typique du style brugeois, un hôtel dirigé avec sérieux et passion par Mireille De Rycker. Intérieur cossu et bourgeois (magnifique escalier tournant) et chambres douillettes, à deux pas du Markt.

18 **Contrast B & B** – ***F5*** - *Predikherenrei 5 - ✆ 050 33 46 67 - www.contrastbrugge.be - P 10 € - 5 ch. 88/110 € ☕.* Au bord du canal Coupure, une belle maison de brique abrite des chambres confortables et bien conçues.

8 **Hotel Blabla** – ***C6*** - *Dweerstraat 24 - ✆ 050 33 90 14 - www.hotelblabla.com - 7 ch. 79/150 € ☕.* L'ex-hôtel Imperial a fait peau neuve. On y profite de chambres simples mais coquettes, fraîches et colorées, ainsi que de parties communes chaleureuses et d'un agréable jardin.

19 **Hotel Marcel** – ***D4*** - *Niklaas Desparsstraat 9 - ✆ 050 33 55 02 - www.hotelmarcel.be - fermé qq j. en hiver - 20 ch. 85/170 € ☕.* Le café de style new-yorkais, des chambres de tailles différentes et au design agréable (de larges photos de la ville pour « agrandir » l'espace), voilà les atouts de cette nouvelle adresse ultra-centrale, donc parfois un peu bruyante.

De 110 € à luxe

21 **Huyze Weyne** – ***C5*** - *Beenhouwersstraat 17 - ✆ 0477 46 53 11 - www.huyzeweyne.be - P - 4 ch. 120/170 € ☕.* Dans une rue paisible à l'est du centre historique, un accueil chaleureux, des chambres tout confort et un jardin calme.

12 **Asinello B & B** – ***C4*** - *Ezelstraat 59 - ✆ 0478 38 86 47 - www.asinello.be - 💳 - 3 ch. 110/160 € ☕.* Trois chambres chaleureuses au décor contemporain. Belles parties communes et hammam bienvenu en cas de grand froid.

10 **Adornes** – ***E3*** - *St-Annarei 26 - ✆ 050 34 13 36 - www.adornes.be - P pl. limitées, réserv. recommandée - 20 ch. 100/170 € ☕ - fermé janv.* Quatre maisons typiques tournées vers le canal Reie composent ce petit hôtel de charme. Chambres de taille variable, offrant parfois de belles hauteurs sous plafond. L'hiver, on prend le petit-déjeuner au coin du feu. Prêt de vélos.

7 Ter Duinen – ***E2*** - *Langerei 52 - ✆ 050 33 04 37 - www.terduinenhotel.eu - 20 ch. 130/175 € ☕.* Paisible hôtel légèrement excentré, offrant une jolie vue sur le large canal Langerei. L'accueil souriant annonce les belles chambres (côté canal ou jardin) et le petit-déjeuner soigné, servi dans un salon cosy et lumineux.

13 Sint Nik B & B – ***D5*** - *St-Niklaasstraat 18 - ✆ 050 61 03 08 - www.sintnik.be - P 10 €/jour (réserv. recommandée) - 3 ch. 135/150 € ☕.* Les chambres de cette belle maison de ville de 1900, dans une impasse proche du Markt, offrent toutes une vue sur le beffroi. L'intérieur, très contemporain, est aussi confortable que reposant.

Luxe

20 Number 11 – ***E5*** - *Peerdenstraat 11 - ✆ 050 33 06 75 - www.number11.be - 4 ch. 165/235 € ☕.* Au cœur de la ville, des chambres au charme et au confort exceptionnels. On s'y sent comme (ce qu'on aimerait être) chez soi, devant la cheminée, dans la bibliothèque, le jardin d'hiver...

14 Pand – ***E5*** - *Pandreitje 16 - ✆ 050 34 06 66 - www.pandhotel.com - P - 26 ch. 174/465 € - ☕ 25 €.* Hôtel élégant aménagé dans trois maisons typiques au cœur de la ville. Les chambres et les junior suites cossues sont personnalisées par du mobilier de style. Petit-déjeuner copieux et soigné servi dans une salle coquette.

17 Maison Le Dragon – ***E5*** - *Eekhoustraat 5 - ✆ 050 72 06 54 - www.maisonledragon.be - P - 3 ch. 200/285 € ☕.* Maison d'hôtes distinguée et rénovée, aménagée dans un manoir du 16e s. Au confort moderne des chambres soignées s'ajoutent un salon rococo et de délicates peintures murales du 18e s.

16 Die Swaene – ***E5*** - *Steenhouwersdijk 1 - ✆ 050 34 27 98 - www.dieswaene.com - P 24 €/nuit - 🏊 - 30 ch. 130/395 € ☕.* Romantisme, raffinement et mobilier remarquable dans cet hôtel impeccable et sa dépendance de l'autre côté du canal. Spa et délicieux restaurant.

DAMME

De 65 à 110 €

De Nachtegaal B & B – *Oude Damseweg 3 - ✆ 050 35 43 88 - www.denachtegaaldamme.be - 🚭 P 🏊 extérieure chauffée - 3 ch. 100/105 € ☕.* À 1 km de Damme, adorable villa de style fermette flamande baignant dans le calme de la campagne. À l'étage, chambres bien tenues. Petit-déjeuner servi dans la véranda ou sur la terrasse regardant un jardin fleuri. Table d'hôtes sur demande et location de vélos.

CÔTE BELGE

OSTENDE

De 65 à 110 €

Hôtel du Parc – *Marie-Joséplein 3 - ✆ 059 70 16 80 - www.duparcoostende.com - P - 51 ch. 90/120 € ☕.*

Chambre de l'hôtel Adornes

Immeuble Belle Époque aux chambres sans surprise mais tout confort. Belle brasserie Art déco et terrasse ensoleillée, avec large choix de plats franco-belges et de bières locales. On peut rejoindre la plage à pied.

De Hofkamers – *Ijzerstraat 5 - ✆ 059 70 63 49 - www.dehofkamers.be - P 17 €/nuit - 27 ch. 100/180 €* ☕. Ce calme hôtel familial à deux pas de la plage saura vous séduire grâce à ses chambres décorées avec goût et son personnel accueillant. Solarium et sauna.

Hôtel Leopold – *Léon Spilliaertstraat 1 - ✆ 059 70 08 06 - www.mondohotel.be - 63 ch. 85/225 €.* Dans le quartier de Leopoldpark, ce bel immeuble Art déco abrite un hôtel dans l'air du temps, confortable, chaleureux et coloré.

BLANKENBERGE

De 110 € à luxe

Hotel Saint-Sauveur – *Langestraat 50 - ✆ 050 42 70 00 - www.saintsauveur.be - P 20 €/jour - piscine intérieure - 46 ch. 160/170 €* ☕. Hôtel de style design situé dans le centre de la populaire station balnéaire. Les chambres sont minimalistes, décorées de couleurs vives. Dans les caves de l'hôtel se trouve un Spa, accessible de 9h à 23h. Dans la brasserie, un petit orchestre de jazz crée chaque soir une ambiance agréable.

DE HAAN (LE COQ)

De Haan est sans aucun doute la station la plus calme de la côte belge.

De 65 à 110 €

Villa Gallica – *Leopoldlaan 2 - ✆ 059 23 65 75 - www.villagallica.be - P - 3 ch. à partir de 70 €* ☕. Construite en 1890, une belle villa tout en hauteur abrite des chambres d'hôtes de taille variable, accueillantes et garnies d'objets chinés. Le salon dans lequel est servi le petit-déjeuner possède aussi beaucoup de caractère. Accueil chaleureux.

De 110 € à luxe

Apostrophe – *Marie-Hendriklaan 12 - ✆ 059 24 24 99 - www.hotelapostrophe.be - P - 8 ch. 100/140 €* ☕. Cette belle villa de style cottage, située entre l'arrêt du tramway et la plage, offre un confort moderne dans une ambiance « artistique ». Excellent petit-déjeuner.

Chant d'Oiseau – *Shakespearlaan 9 - ✆ 0471 26 19 61 - www.chantd.be - P - 2 ch. 125 €* ☕. Chambres confortables et personnalisées dans une immense villa et petit-déjeuner « maison », qui vaut à lui seul le séjour.

Grand Hôtel Belle-Vue – *Koninklijn Plein 5 - ✆ 059 23 34 39 - www.hotelbellevue.be - P - 30 ch. 120/300 €* ☕. Le plus ancien et élégant hôtel de De Haan (Le Coq) a conservé tout son charme d'antan tout en réussissant la modernisation de ses chambres.

KNOKKE-HEIST

De 65 à 110 €

Nelson – *Meerminlaan 36 - ✆ 050 60 68 10 - www.nelsonhotel.be -*

Number 11

Au coin du feu, dans le salon de la maison Number 11.

P - *20 ch. à partir de 89 €* ☕. Un hôtel agréable recommandé autant pour les chambres confortables (à défaut d'être originales) que la qualité du petit-déjeuner.

De 110 € à luxe

Hôtel Binnenhof – *Jozef Nellenslaan 156 - ✆ 050 62 55 51 - www.binnenhof.be - P 14 € - 25 ch. 115/220 €* ☕. Hôtel moderne situé au calme en dépit de sa proximité avec la plage de la station balnéaire mondaine. Les chambres confortables sont aménagées avec style et la plupart ont vue sur la mer. Vaste buffet au petit-déjeuner.

Manoir du Dragon – *Albertlaan 73 - ✆ 050 63 05 80 - www.manoirdudragon.be - P privé gratuit - 16 ch. 285/510 €* ☕. Le grand luxe version Knokke. Les chambres sont aménagées dans une villa datant de 1927, située dans une belle propriété attenante au golf.

LISSEWEGE

De 110 € à luxe

Hof Ter Doest – *Ter Doeraat 4 - ✆ 050 54 40 82 - www.terdoest.be - P - 6 ch. 130/150 €* ☕. Les superbes chambres de cet hôtel familial sont aménagées dans des étables du 17e s. Également restaurant et Spa (sauna, hammam).

Bruges pratique

Festival international de cerfs-volants, à Ostende.
C. S. Pereyra/age fotostock

Préparez votre voyage

FORMALITÉS D'ENTRÉE

Papiers d'identité – Une carte d'identité pour les Français et les Suisses.
Visa – Les ressortissants de l'Union européenne et les Suisses n'en ont pas besoin.
Douane – En vertu de l'accord de Schengen, aucun contrôle n'est effectué lors du passage de la frontière avec l'un des États de l'Union européenne. Si vous arrivez d'un pays hors UE, vous devez passer la douane et déclarer les marchandises que vous apportez.

ALLER EN TRAIN

Au départ de la gare du Nord à **Paris**, le Thalys relie 15 à 34 fois par jour la gare du Midi, à Bruxelles, en 1h25. Thalys également 2 fois par jour entre Lille et Bruxelles. D'autres villes françaises sont reliées à Bruxelles par le TGV : Lille, Perpignan, Marseille, Lyon, Nice ou encore Bordeaux (*via* Paris).
Depuis la gare **Lille-Flandres**, 14 TER quotidiens vers Bruges en 1h35, avec changement à Courtrai.
De **Bruxelles-Midi**, Bruges (2 ou 3 fois par heure en 1h), Ostende et Knokke-Heist (une fois par heure en 1h20 et 1h30) sont rapidement atteints.
Le week-end, à partir de Bruxelles, les billets aller-retour sont moitié prix.

Thalys – www.thalys.com.
SNCF – www.oui.sncf.
SNCB – www.belgiantrain.be/fr.

ALLER EN AUTOCAR

De Paris, la compagnie **Eurolines** effectue plusieurs liaisons quotidiennes vers Bruxelles et Gand, à partir de 13 € l'aller, en réservant longtemps à l'avance. Durée du trajet : 4h environ. Arrivée à Bruxelles-Midi, Bruxelles-Nord, Bruxelles-Sud ou Bruxelles-Central, d'où des trains partent régulièrement vers Bruges et la côte.
Eurolines – 28 av. du Gén.-de-Gaulle - 93541 Bagnolet Cedex - 0892 89 90 91 - www.eurolines.fr.
Les **OuiBus** de la SNCF relient Paris-Bercy et Lille à Bruges (respectivement en 8h env. et en 1h15 - à partir de 12,89 € et 5,90 €) - https://fr.ouibus.com.
Liaison assurée également par la compagnie **Flixbus** depuis Paris et Lille (en 4h25 et 1h10 - à partir de 4,99 € et 18,99 €) - www.flixbus.fr.

ALLER EN AVION

La plupart des compagnies aériennes desservent l'aéroport de **Bruxelles-National**, situé à Zaventem. 0900 70 000 - www.brusselsairport.be/fr.
Certains vols low-cost et charters atterrissent à

Charleroi-Bruxelles-Sud. ✆ 090 20 24 90 - www.brussels-charleroi-airport.com.

Pour l'accès au centre-ville, voir p. 3.

Compagnies régulières

Air France – ✆ 3654 (en France); ✆ 070 22 24 66 (en Belgique); ✆ 0848 747 100 (en Suisse) - www.airfrance.com.

Air France et sa filiale **Hop!** (✆ 0892 70 22 22 en France, ✆ 070 22 24 66 en Belgique - www.hop.com) desservent Bruxelles-National à partir de plusieurs villes de province et notamment Bordeaux, Nantes, Marseille, Lyon, Strasbourg, Montpellier, Clermont-Ferrand.

Brussels Airlines – ✆ 0902 51 600 (en Belgique); ✆ 0892 64 00 30 (en France); ✆ 044 511 83 05 (en Suisse) - www.brusselsairlines.com. Dessert Bruxelles-National à partir de Genève et de plusieurs villes de province, notamment Lyon, Marseille, Toulouse, Nice, Strasbourg, Paris, la Corse (en été). La compagnie propose le Hi Belgium Pass comprenant vol AR, trajets en trains et tickets de visites pour 149 €.

Swiss International Airlines – ✆ 0892 23 25 01 (en France); ✆ 078 15 53 19 (en Belgique); ✆ 0848 700 700 (en Suisse) - www.swiss.com. Dessert Bruxelles-National à partir de Genève, Zurich et Bâle-Mulhouse.

Compagnies low-cost

Elles permettent de réaliser des économies à condition de réserver très tôt vos billets. Ce marché étant très changeant, des dessertes apparaissent (et disparaissent) constamment. Les billets ne se réservent que par Internet et il convient de bien vérifier les conditions d'achat.

Ryanair – www.ryanair.com. Relie Charleroi-Bruxelles-Sud à Marseille, Bergerac, Carcassonne, Nîmes et Perpignan (notamment); certaines dessertes sont saisonnières.

Easy Jet – www.easyjet.com. Relie Bruxelles-National à Nice, Lyon, Toulouse, Bordeaux et Genève.

TUIfly – www.tuifly.fr. Relie, en été principalement, Bruxelles-National ou Charleroi-Bruxelles-Sud à Toulon, Nice, Lourdes et la Corse.

C. S. Pereyra/AWL Images/Getty Images

Promenade commentée en calèche.

Sites comparateurs – www.opodo.fr, www.easyvols.fr, www.liligo.fr, www.skyscanner.fr, www.misterfly.com.

ARGENT

La devise est l'**euro**. Les **cartes de crédit** internationales sont acceptées dans presque tous les commerces, hôtels et restaurants. Les paiements par chèque sont quasi inconnus en Belgique tandis que les **chèques de voyage**, peu employés, peuvent être changés dans les banques et bureaux de change.

Perte de cartes, voir l'encadré ci-contre.

SAISONS

Bruges jouit d'un climat tempéré, changeant et assez humide. La ville est belle toute l'année : printemps doux et fleuri, automne coloré, hiver entre brume et ciel bleu pâle. La cité étant hautement touristique, la forte fréquentation estivale peut être pesante, voire problématique pour trouver un hébergement. À cette saison, mais aussi à Pâques, la côte est également très prisée par les touristes belges.

Pour choisir vos dates de séjour, voir aussi la liste des événements et manifestations de l'agenda culturel, p. 106.

Pas de panique !

Appel d'urgence : ✆ 112
Urgences médicales : ✆ 100
Police fédérale : ✆ 101
Médecins de garde : ✆ 1733
Perte cartes bancaires :
Cardstop : ✆ 070 344 344 (numéro local pour faire opposition)
Amex : ✆ 0033 1 47 77 72 00
Visa : ✆ 0800 1 8397
MasterCard : ✆ 0800 1 5096.

POUR EN SAVOIR PLUS

Offices du tourisme de Flandre et Bruxelles – 6 r. Euler - 75008 Paris - ✆ 01 56 89 14 42 - www.visitflanders.com/fr - lun.-vend. 9h30-17h. Bureaux fermés au public. Informations uniquement par téléphone et brochures téléchargeables.
Autre site officiel en français de l'office du tourisme de Flandre et Bruxelles : **www.theplaceto.be**, qui présente la Flandre d'un point de vue gastronomique, artistique, architectural et événementiel.

Sites Internet

www.visitbruges.be/fr – Site officiel de l'office du tourisme de Bruges.
www.lelittoral.be/fr – Site officiel de l'office du tourisme de la côte belge.

Votre séjour de A à Z

ADRESSES

Le **numéro** est placé après le nom de la voie : Langestraat 1.

AMBASSADES - CONSULATS

Consulat général de France à Bruxelles – Bd du Régent 42 - 1000 Bruxelles - ✆ 02 548 88 11/12 - https://bruxelles.consulfrance.org.
Ambassade de Suisse en Belgique – Place du Luxembourg 1 - 1050 Bruxelles - ✆ 02 285 43 50 - www.eda.admin.ch.

CALÈCHES

Qui dit destination romantique… dit calèches. Grand-Place (dép. du Burg le merc.) - ✆ 050 34 54 01 - www.hippo.be/koets/fiacre.htm - juil.-août : 9h-22h; reste de l'année : 9h-18h - 50 € (maxi 5 pers.). Une balade commentée d'une demi-heure en calèche, avec un arrêt de quelques minutes au Béguinage, est proposée au départ de la Grand-Place.

CIGARETTES

Il est interdit de fumer dans tous les lieux publics, dans les cafés et les restaurants.

CONSIGNES À BAGAGES

Vous en trouverez à la gare.

EN FAMILLE

Promenade en calèche, mini-croisière sur les canaux, chocolat, plages et parcs d'attractions… la région ne manque pas d'attrait pour les enfants. *Dans ce guide, le symbole* 👨‍👧 *indique les lieux propices aux visites en famille.*

HANDICAP

www.visitflanders.com/fr/Accessibilite – La rubrique « Accessibilité » du site de l'office de tourisme est bien faite. Vous y trouverez des informations sur l'accessibilité des musées, hôtels et aménagements touristiques. Repérez les bâtiments ayant le label A+, ils sont accessibles aux personnes à mobilité réduite.
♿ Plus de renseignements sur l'accessibilité en Flandre : **http://toevla.vlaanderen.be** (en néerlandais).

HORAIRES

Banques – Généralement ouvertes du lundi au vendredi de 9h à 15h30 ou 16h (avec parfois une pause à midi). Certaines agences ouvrent le samedi matin.
Commerces – Du lundi au samedi, de 8h30 ou 10h à 17h30 ou 18h. La grande majorité ferme le dimanche, à l'exception des boutiques de souvenirs du centre-ville et de

supérettes de quartier (Delhaize, Carrefour Express). *Shopping p. 77.*

Musées – En général, tous les jours sauf lundi, de 9h30 ou 10h à 17h. La plupart ferment leur billetterie une demi-heure avant la fin des visites. De nombreux musées ferment le 1er janv., le jour de l'Ascension et le 25 déc.

Pharmacies – Lun.-sam. 8h30-18h30. Service de garde assuré la nuit, les dimanches et jours fériés (adresses affichées sur les vitrines des officines).

Poste – Lun.-vend. 9h-17h, fermée le w.-end.

INFORMATIONS TOURISTIQUES

À Bruges

En ville, les indications sont nombreuses pour guider le visiteur. Dans chaque quartier, un plan et une description claire des lieux (histoire, anecdotes) sont proposés en plusieurs langues dont le français.

In & Uit Brugge – 't Zand 34- 050 44 46 46 - www.visitbruges.be - tlj 10h-17h (dim. et j. fériés 14h). Au sein du Concertgebouw, entre la gare et le centre historique. Une mine d'informations : brochures précises (ainsi *Love Bruges*), audioguides, vente du Musea Brugge Card (*Pass p. 100*), réservation de nuitées, visites guidées, etc. Antennes à la gare (lun.-vend. 10h-17h, sam.-dim. 10h-14h) et à l'Historium (Markt 1 - tlj 10h-17h).

Achat de billets pour expositions, événements possibles sur www.ticketsbrugge.be/fr.

À Damme

Visit Damme – Jacob van Maerlanstraat 3 - 8340 Damme - 050 28 86 10 - www.visitdamme.be/fr - lun.-vend. : 10h-12h, 13h-18h ; sam.-dim. : 10h-12h, 14h-18h. Documentation très complète, notamment sur les circuits à vélo. Location possible sur place.

Sur la côte

Toerisme Oostende – Monacoplein 4- 8400 Oostende - 059 70 11 99 - www.visitoostende.be/fr - 10h-18h (déc.-mars 17h30) ; juil.-août : 9h-19h.

Toerisme Knokke – Zeedijk-Knokke 660 - 8300 Knokke-Heist - 050 63 03 80 - www.myknokke-heist.be/fr - 8h30-18h.

Par ailleurs, chaque station côtière (De Haan, Blankenberge, etc.) compte un bureau d'informations touristiques dont les coordonnées sont signalées pour chaque site décrit. Sinon, site général pour toute la côte : www.lelittoral.be/fr.

INTERNET

Si les cafés Internet sont rares, les zones wifi, bien indiquées, se généralisent dans les cafés et les hôtels.

JOURS FÉRIÉS

- 1er janvier (Nouvel An)
- Pâques (dimanche et lundi)
- 1er Mai (fête du Travail)
- Ascension (jeudi)
- Pentecôte (dimanche et lundi)
- 21 juillet (fête nationale)
- 15 août (Assomption)

- 1er novembre (Toussaint)
- 11 Novembre (Armistice)
- 25 décembre (Noël)

Certaines fêtes locales peuvent entraîner la fermeture des services publics, comme la fête de la Communauté flamande le 11 juillet.

LANGUES

La Belgique parle trois langues : le français, le néerlandais et l'allemand. La deuxième est parlée en Flandre, donc à Bruges, et est utilisée dans les médias. Mais il existe un grand nombre de dialectes qui diffèrent non seulement du néerlandais des Pays-Bas (prononciation, vocabulaire, etc.) mais aussi du flamand de la ville voisine... Ainsi, on ne parle pas de la même manière à Bruges, Louvain ou Anvers.

Le français est compris et parlé par de nombreux Flamands. Même si Bruges n'est pas Bruxelles, le touriste francophone trouvera souvent des menus traduits. En vous présentant en flamand (apprendre à dire « bonjour » n'est pas si compliqué) et en précisant que vous êtes français et non belge..., cela peut faciliter les contacts.

Lexique à l'intérieur de la couverture.

MUSÉES ET EXPOSITIONS

À Bruges

L'offre est impressionnante ! Et pour ceux qui se lanceraient dans un « grand chelem » des musées locaux, le coût peut s'avérer élevé. Pour réduire cette somme, la **Musea Brugge Card** offre la gratuité dans les 14 musées municipaux (*Pass p. 100*). Sachez que la plupart des musées ferment le lundi, le 1er janv., le jour de l'Ascension et le 25 déc.

Préacheter sur internet son billet d'entrée pour un musée mais aussi un parc ou un événement, fait souvent l'objet d'une réduction.

Sur la côte

Pour des séjours sur la côte belge, le **Pass Côte**, gratuit, permet d'obtenir des réductions sur les entrées (pour maxi 5 pers.) d'une quarantaine de musées et attractions. Demande en ligne sur www.kustpas.be (vous le recevrez directement par e-mail).

Wang Mo/Archibel/age fotostock

Parking de vélos sur le Markt.

PASS

Musea Brugge Card – Cette carte donne accès aux 14 musées municipaux, elle est valable 72h. (28 € ; 18-25 ans : 22 €). Informations : www.visitbruges.be/info-pratique.
Le **museumPASS** (www.museumpassmusees.be/fr) permet durant un an de visiter pour 50 € 120 musées, autant de fois qu'on le souhaite, dans toute la Belgique.

POSTE

Vous pouvez acheter des timbres dans les bureaux de poste (sur le Markt par exemple) mais aussi dans un certain nombre de Points Poste (dans des lieux fréquentés, comme les supermarchés et les magasins de proximité) identifiés par un logo. Informations : www.bpost.be/fr.
Envoyer une lettre ou une carte postale dans un pays de l'Union européenne coûte 1 €.
Horaires p. 97.

POURBOIRE

Au restaurant, le montant du service est compris dans la note, mais un léger pourboire (10 %) est d'usage pour un service satisfaisant. Concernant les taxis, sachez que le prix de la course comprend le service. Libre à vous d'arrondir.

PRESSE ET MÉDIAS

Médias belges – Les principaux quotidiens flamands sont *De Standaard, Het Laatste Nieuws* et *De Morgen*. Leurs cousins francophones sont *Le Soir, La Dernière Heure* ou *La Libre Belgique*.
Les chaînes de télévision locales néerlandophones sont la VRT (publique), la VTM (privée) et leurs nombreuses petites sœurs (Canvas, 2BE, VIJF, VT4, etc.).
Les chaînes belges francophones (La Une, La Deux, RTL-TVI, etc.) vous permettront de suivre l'actualité du royaume.
Médias français – La presse nationale française est vendue (avec un léger supplément de tarif) dans les points presse. TF1, France 2, France 3, Arte et TV5 sont diffusées à Bruges dans les hôtels équipés du câble ou du satellite.

RESTAURATION

Les restaurants offrent parfois des menus avantageux à midi en semaine *(Lunch)*. En soirée et le week-end, les établissements pratiquent en revanche des tarifs élevés.
Le pain est la plupart du temps inclus dans le prix et posé sur la table dès le début du repas. En revanche, il n'est pas d'usage de demander une carafe d'eau. On vous servira une bouteille d'eau minérale au prix fort.
Se restaurer p. 66.

STATIONNEMENT

À Bruges

Le stationnement payant en surface dans le cœur historique de Bruges est autorisé entre 9h et 20h (4h consécutives maxi). L'usager

REPÉREZ-VOUS, MÊME SOUS LA PLUIE
AVEC NOS PLANS DE VILLE PLASTIFIÉS !
© oversnap/iStock

MICHELIN
LONDRES
PLAN DE VILLE
PLASTIFIÉ
Sélection touristique LE GUIDE VERT

doit prendre un ticket et régler à l'horodateur : 1,80 € la première heure, 2,40 € la deuxième heure, jusqu'à la quatrième, soit un total de 9 € pour 4h.
La proche périphérie du centre est en zone bleue. Le stationnement gratuit est autorisé de 9h à 18h, dans la limite de 4h consécutives. Ces règles sont applicables toute l'année, y compris les dimanches et jours fériés. Il est nécessaire de mettre en évidence un disque de stationnement européen valable.
Pour le stationnement de longue durée, vous pouvez utiliser les parkings des hôtels, en ville (parkings souterrains) ou en bordure du centre-ville. Ces **parkings** (gare, Zand) sont bien indiqués à partir des entrées de la ville. Comptez 3,50 € (à la gare) à 8,70 € par jour. Les tickets permettent au conducteur et à sa famille de se rendre en bus, gratuitement, du parking au centre-ville, à l'aller comme au retour (« Park & Ride »).
Il existe également des **parkings relais** gratuits à la périphérie, permettant un AR gratuit en transports en commun (liste sur www.brugge.be/randparkings).

À Ostende et sur la côte belge

Circuler le long de la côte en voiture est aisé, s'y garer gratuitement l'est moins. Dans toutes les stations balnéaires, le stationnement est payant et limité à quelques heures. Néanmoins, à Ostende, il est possible de se garer gratuitement derrière le boulevard Léopold III-Laan, qui longe la gare (notamment au parking qui borde le Maria-Hendrikapark et près du fort Napoléon).

TAXIS

Peu utiles étant donné les distances, ils vous attendent néanmoins devant la gare et sur le Markt.
Arriver à Bruges p. 3.

TÉLÉPHONE

Les numéros de téléphone fixes brugeois commencent par 050 + 6 chiffres. Les numéros débutant par 04 + 8 chiffres sont des portables.

Appels internationaux

Pour téléphoner depuis l'étranger **vers la Belgique** : 00 + 32 + indicatif de la zone sans le 0 + numéro de l'abonné.
Pour téléphoner **depuis la Belgique** vers la France : 00 + 33 + indicatif de la zone sans le 0 + numéro de l'abonné.
Les tarifs sont plus bas le week-end, les jours fériés, et en semaine de 18h à 8h.

Cabines téléphoniques

Elles sont rares et peu utilisées (les portables et les « taxiphones » – petits centres d'appels – les ont remplacées). Cartes en vente dans les kiosques.

Téléphones portables

Les frais d'itinérance (roaming) dans l'UE sont supprimés depuis juin 2017, permettant ainsi l'utilisation des données cellulaires au même prix que lorsque vous êtes dans votre pays (les appels vers l'étranger restent donc surtaxés). Attention, l'accès à Internet n'est pas illimité, un plafond de data étant fixé par chaque opérateur.

Pour éviter les mauvaises surprises, renseignez-vous sur votre forfait avant le départ.

Renseignements téléphoniques

Numéros nationaux : ✆ 1307.
Voir aussi www.pagesdor.be.
Numéros internationaux : ✆ 1304.

TOILETTES

« Toiletten » gratuites dans les restaurants et les musées, ou payantes dans les gares (voire certains musées).

TRANSPORTS EN COMMUN

À Bruges

Les bus desservent toute la ville à partir de la gare. Un bus relie toutes les 2mn la gare au centre historique.

Tarifs et forfaits

Les tickets s'achètent dans les distributeurs (à la gare et 't Zand), kiosques, librairies, ou à bord du bus. Tarif pour un voyage : 3 € à bord. Il existe des pass plus avantageux (6 €/24h, 12 €/72h)... mais qui s'avèrent inutiles étant donné que la ville se découvre à pied! Informations : www.delijn.be/fr. Pour les horaires, s'adresser à la Mobiliteitswinkel (Burg 11) ou à la Lijnwinkel (à la gare).

Sur la côte belge

Un **tramway côtier** empruntant la plus longue ligne du monde dessert le littoral de Knokke-Heist à De Panne en passant par Ostende, dans les deux sens et à intervalles réguliers (*p. 63*). Le ticket pour un trajet coûte 3 € et le très avantageux **Dagpas (pass pour 24h)**, qui permet d'emprunter à volonté la ligne durant une journée, revient à 6 € (8 € dans le tram; enf. 4/5 €) - www.delijn.be/fr/kusttram/. Des billets 3 jours (12 €) ou 5 jours (17 €) sont aussi proposés.

VÉLO

Comme son nom l'indique, le plat pays est un terrain de jeu idéal pour les cyclotouristes. Si le vent peut parfois faire oublier l'absence de relief, le plaisir est assuré. Vous pouvez venir avec votre propre bicyclette ou faire appel à l'un des nombreux loueurs. Chaque office de tourisme fournit une liste des circuits possibles. Attention, sur le terrain les indications ne sont pas bilingues.
Sur le site https://shop.westtoer.be/fr, vous trouverez des cartes spécialisées à acheter ou à télécharger gratuitement.

À Bruges

Les cyclistes bénéficient d'un traitement de faveur dans la ville : parkings, pistes, priorités... Baladez-vous le long de la magnifique ceinture verte (interdite aux voitures) qui entoure la ville, avec vue sur les lieux historiques, ou découvrez l'arrière-pays brugeois.
Beaucoup d'hôtels fournissent ou louent des bicyclettes. Si votre lieu de résidence n'offre pas ce service, adressez-vous à l'un des nombreux loueurs de la ville (liste complète fournie par l'office de tourisme) :
Gare (Fietspunt) - ✆ 050 39 68 26; **Bike**

Rental Koffieboontje - Hallestraat 4 - ✆ 050 33 80 27 - http://adventure-bike-renting.be ; **De Ketting** - Gentpoortstraat 23 - ✆ 050 34 41 96 ; **Bauhaus Bike Rental** - Langestraat 145 - ✆ 050 34 10 93 - www.bauhaus.be/city-guide ; **Fietsen Popelier** - Mariastraat 26 - ✆ 050 34 32 62 - www.fietsenpopelier.be ; **Snuffel Youth Hostel** - Ezelstraat 47 - ✆ 050 33 31 33 - www.snuffel.one ; **Concertgebouw B-Bike** - 't Zand 34 - ✆ 0479 97 12 80 ; **Bruges Bike Rental** - Niklaas Desparsstraat 17 - ✆ 050 61 61 08 - www.brugesbikerental.be. Location d'1h à une journée. Comptez entre 4 et 13 €/j.

Le long des canaux et sur la côte belge

D'une station à l'autre, plusieurs circuits invitent à découvrir les avenues ombragées de saules et les villas cossues dissimulées dans de beaux jardins. Des promenades dans l'arrière-pays, autour de Damme notamment *(voir « À vélo ! », p. 49)*, traversent une campagne verdoyante percée de canaux et parsemée de coquettes fermes blanches aux toits de tuiles rouges. Carte du réseau cyclable de l'arrière-pays de Bruges (8 €), à commander auprès de l'office du tourisme de Damme (toerisme@damme.be).

VISITES GUIDÉES

À Bruges

Avec un guide – Pour groupes et visiteurs individuels : tlj juil., août et vac. de printemps ; w.-end en juin et sept. ; lun., merc. et w.-end le reste de l'année. Rens. au bureau d'accueil d'In & Uit Brugge - durée env. 2h - 12,50 € (gratuit pour les -12 ans). L'office de tourisme propose aussi des dépliants pour des promenades autoguidées et donne la liste de prestataires qui organisent des circuits thématiques, par exemple en compagnie d'un photographe (« Photo Tour », http://phototourbrugge.com).

Seul avec une application – Pour une visite guidée en toute liberté, téléchargez l'application officielle **Xplore Bruges** sur l'App Store ou Google Play. Renseignements sur www.xplorebruges.be. Au programme, promenades culturelles, circuits thématiques, cuisine, anecdotes…

En bateau sur les canaux – Promenade sur les canaux de Bruges - ✆ 050 44 86 86 - mars-nov. : 10h-18h - durée 30mn - 8 €. D'agréables promenades en barque à travers le dédale des canaux brugeois sont organisées au départ de cinq embarcadères du centre-ville *(consultez le plan)*. Probablement la formule la plus pratique et la plus reposante pour partir à la découverte d'un patrimoine architectural unique. Les amateurs de « navigation » pourront aussi emprunter un coche sur le **canal de Bruges à Damme** *(p. 49)* ou encore sillonner le **port de Zeebrugge** en bateau (www.franlis.be/tour-du-port/concept - avr.-oct. - 12 €, 10,50 € en ligne).

En calèche – *Voir p. 97.*

En minibus à Bruges – City Tour Brugge - www.citytour.be/fr - départ ttes les heures de la Grand-Place - 1er bus à 10h, dernier bus, selon la saison, entre 16h et 20h - 20 €. Visite d'environ 50mn en minibus confortable, avec commentaires dans votre propre langue (casques individuels).
En minibus autour de Bruges – ✆ 0800 975 25 ou 050 370 470 - www.quasimodo.be - mars-nov. : lun., merc., vend. - départ vers 9h, retour vers 17h - 69,50 € (-26 ans 59,50 €). Excursion d'une journée, commentée en anglais, pour sillonner les alentours de Bruges en passant par Damme, les châteaux de Tilleghem et Loppem ou encore Lissewege et Ter Doest, tout en profitant de dégustations.
À vélo – Promenades accompagnées dans la ville et ses environs. Comptez entre 15 et 30 € la demi-journée. Ainsi, avec **Quasi Mundo Biketour Brugge** (✆ 050 33 07 75 - www.cycle-cities.com/bruges/) par exemple, de mars à novembre, balade matinale « Bruges à vélo » dans les ruelles de la ville, et dans l'après-midi « Les alentours de Bruges ». Mais aussi « Bruges secret » et Damme avec **The Pink Bear Bike Tours** (✆ 050 61 66 86 - www.pinkbear.freeservers.com) ou **Green Bike Tour** (✆ 050 61 26 67 - contact au point d'informations du Concertgebouw ou arlando@telenet.be).
En ballon – ✆ 0475 97 28 87 - www.bruges-ballooning.com - excursion de 3h sur demande dont 1h en vol - 180 €/pers. (enf. 110 €). Bruges vue du ciel est un moment magnifique, à déguster tôt le matin ou en soirée (avec une coupe de champagne).
Bruges en courant – Du running guidé de 9,5 km en 1h30 - www.touristrunbrugge.be - 30 € avec boissons.

Sur la côte

Les possibilités de promenades guidées sont nombreuses. Ainsi, dans les **dunes** du Zwin Natuur Park (*p. 62*) ou dans le Zeebrugge des pêcheurs (www.seafront.be). Ceux qui ont le pied marin pourront également effectuer çà et là des mini-croisières. Il est ainsi possible, à partir de Zeebrugge, de découvrir le port ou les **parcs éoliens en mer** (sur réserv. : www.franlis.be/fr/thornton-cruises/concept - 49,50 €, 39,50 € en ligne). Enfin, l'office du tourisme d'Ostende propose des **balades digitales** sur le thème des peintres ostendais, dont James Ensor, de la ville durant la Grande Guerre ou encore... l'Ostende de Marvin Gaye (www.visitoostende.be/fr/marvingaye) avec le « Midnight Love Tour ». Il vous faudra emprunter des appareils auprès de l'office de tourisme (réservation conseillée à info@visitoostende.be, location nécessitant une carte de crédit ou une carte d'identité belge).

Agenda culturel

Le site de l'office du tourisme de Bruges (www.visitbruges.be/fr) recense les événements en cours et à venir. Sur place, vous trouverez le magazine mensuel gratuit **events@ brugge** qui détaille toutes les manifestations pour le mois en cours. Sauf mention contraire, les rendez-vous de notre agenda sont organisés selon une périodicité annuelle. Néanmoins, certains n'ont lieu que tous les deux, trois, voire cinq ans. C'est le cas à Bruges de la Fête des canaux ou des Fastes de l'Arbre d'or, mais aussi du Festival Beaufort qui, une fois tous les trois ans, investit le littoral pendant plusieurs mois.

Pour la côte, consultez les sites des municipalités ou www.lelittoral. be/fr.

RENDEZ-VOUS ANNUELS

Janvier-Février

▶ Ostende

Plongeon du Nouvel An (Nieuwjaardsduik) – Début janvier, plusieurs centaines de personnes fêtent la nouvelle année en plongeant dans les eaux froides de la mer du Nord. Coup de fouet garanti ! www.nieuwjaarsduik.be.

▶ Bruges

Manifestations « chocolatées » autour du jour de la St-Valentin (mi-février) ou dédiées à la bière (www. brugsbierfestival.be), durant tout un week-end sur Beursplein au début du mois de février.

Mars-Avril

▶ Ostende

Bal du Rat mort – Le samedi suivant Mardi gras. En 1898, James Ensor fut l'un des promoteurs du bal du Rat mort (un nom choisi en souvenir du cabaret montmartrois du même nom). Cette soirée caritative a lieu tous les ans au Casino-Kursaal, en mars. Les participants se déguisent et portent des masques qui répondent à un thème défini chaque année. http://fra.ratmort.be. *p. 54.*

▶ Bruges

Avril est le mois des grandes classiques cyclistes en Belgique. Ainsi, le fameux **Tour de Flandres** prend le départ sur le Markt à Bruges.

Festival du film Mooov – Ce festival cinématographique qui se déroule sur quinze jours donne un aperçu des films africains, asiatiques et latino-américains projetés en Belgique durant l'année précédente. À chaque édition, un pays est mis en lumière. Les projections ont lieu dans les cinémas brugeois Lumière et Liberty. Des conférences et des concerts sont également organisés en marge du festival. www.mooov.be.

Mai

▶ Bruges

Triennale d'art et d'architecture contemporains – Tous les trois ans, du mois de mai au mois d'octobre, artistes et architectes sont invités à exposer leurs créations et leurs projets selon un thème donné dans plusieurs lieux à travers la ville. En 2018, « Ville liquide ». Prochaine édition : 2021. www.triennalebrugge.be.

▶ *Ostende*

Oostende voor Anker (Ostende à l'ancre) – Trois jours mi-mai. Un hommage au passé maritime de la cité lors d'une grandiose manifestation. Plus de 150 navires jettent alors l'ancre à Ostende. www.oostendevooranker.be/fr.

▶ *Knokke-Heist*

Festival international de photographie – La station balnéaire met la photographie à l'honneur du début du mois de mars à juin. Expositions au Centre culturel Scharpoord. https://fotofestival-knokke-heist.prezly.com/.

Autour de l'Ascension

▶ *Blankenberge*

Havenfeesten (Fêtes du port) – Le **carnaval** de Blankenberge est particulièrement animé. Lors du week-end de l'Ascension, les Havenfeesten proposent une foule d'activités maritimes et font revivre l'ambiance de la pêche d'autrefois. www.havenfeesten.be.

▶ *Bruges*

Procession du Saint-Sang – Jeudi de l'Ascension. ➲ *p. 22.*

Juin

▶ *Côte belge*

Festival Beaufort – Tous les trois ans, des premiers jours de juin jusqu'à la fin de l'été, l'art contemporain international croise le biotope naturel des villes du littoral à travers des installations monumentales et des œuvres insolites qui peuplent dunes, plages et stations balnéaires. Bref, une mine de surprises et une bonne raison « d'aller à la côte », comme on dit à Bruges. Prochaine édition : 2021.

▶ *Middelkerke-Westende*

Visweekend/Bierweekend – Musique, animations et dégustation autour des produits de la mer (2e w.-end) et de la bière (3e w.-end).

▶ *Ostende*

Festival de sculpture sur sable – De mi-juin à septembre, une partie de la plage ostendaise se transforme en galerie de monumentales sculptures de sable édifiées par des artistes du monde entier. www.sable.be/information/.

▶ *Oostduinkerke*

Garnaalfeesten (Fête de la crevette) – Tous les ans, le dernier w.-end du mois, la pêche traditionnelle de la fameuse crevette grise, si appréciée des Belges, est mise à l'honneur.

Juillet

▶ *Bruges*

Cactusfestival – Cet événement musical international (2e w.-end de juil.) propose la meilleure musique pop-folk-rock dans le parc du lac d'Amour (Minnewater). www.cactusfestival.be.

▶*Knokke-Heist*

Kneistival – Une semaine de musique pop-rock.
www.kneistival.be.

▶*Zeebrugge*

Navy Days – Expos et animations autour de la marine militaire belge : visite des bateaux, expos...

Juillet-Août

▶*Bruges*

Tout au long de l'été, la ville organise un grand nombre de manifestations : expositions, concerts, récitals, salons, etc. Il y en a pour tous les goûts.

Zandfeesten – Sur la vaste place du Zand, le plus grand marché de brocante et d'antiquités de Flandre.
Moods ! – Fin juil.-déb. août, festival de musique du monde dans le centre historique pendant deux semaines. En grande partie gratuit.
www.moodsbrugge.be.
Musica Antica (MAfestival) – Déb. août, festival de musique ancienne. Concerts dans des lieux prestigieux à travers la ville : hôtel de ville, Concertgebouw, églises, etc.
www.mafestival.be.

▶*Ostende*

Ostend Beach Festival – En début de mois, deux jours de festivités dédiés aux musiques électroniques réunissant, sur la Petite Plage d'Ostende, de nombreux DJ's de réputation internationale.
www.ostendbeach.be.
Festival de feux d'artifice – Chaque lundi, entre le 9 juil. et le 20 août, de magnifiques feux d'artifice sont tirés par des artificiers réputés sur la Grande Plage. Ils débutent à 23h en juillet et à 22h30 en août. www.bkvuurwerk.be/fr.
Theater Aan Zee – Fin juil.-déb. août, le TAZ se déroule durant une dizaine de jours en divers lieux de la ville. Au menu : théâtre, littérature et musique autour d'un artiste créatif.
www.theateraanzee.be/fr.

▶*Knokke-Heist*

Marché folklorique – En juillet et en août, un marché folklorique se tient le jeudi dès 14h au centre De Bolle, non loin de la gare de Heist.
Cartoonfestival – Ce festival **international du dessin humoristique** est organisé de mi-juillet à fin septembre au Lagunahal. On y présente les vainqueurs du concours international ainsi que les meilleurs dessins humoristiques de la presse belge et hollandaise.

▶*Zeebrugge*

Film op het strand – Cinéma en plein air, chaque jeudi sur la plage.

Août

▶*Blankenberge*

Bloemencorso (Corso fleuri) – Le dernier dimanche d'août, un magnifique cortège de chars abondamment fleuris parcourt la digue de mer. Dans les jours qui précèdent, un itinéraire permet de découvrir à pied ou à vélo les hangars où sont préparés les chars.

▶ *Bruges*

Les Fastes de l'Arbre d'or – Tous les cinq ans (2012, 2017, etc.), reconstitution du mariage somptueux de Charles le Téméraire et de Marguerite d'York, célébré en 1468. Prochaine édition : 2022.

▶ *Ostende*

Paulusfeesten – Durant une semaine, grande fête populaire très appréciée des Ostendais. www.paulusfeesten.be.

▶ *Zeebrugge*

We Can Dance – Le 2e w.-end d'août, ce festival « looké » mêle musiques électroniques (house, techno, etc.) et urbaines (hip-hop) jouées sur plusieurs scènes installées sur la plage de Zeebrugge et situées face à la mer. www.wecandance.be.

Septembre-Octobre

▶ *Bruges*

Kookeet – Pendant trois jours en septembre, les chefs étoilés brugeois proposent en plein air des plats à prix très doux. www.kookeet.be.

▶ *Ostende*

Festival du film – En septembre, dans divers lieux de la ville, avant-premières de productions belges et étrangères, Prix du cinéma flamand, etc. www.filmfestivaloostende.be.

Novembre

▶ *Bruges*

Jazz Brugge – Tous les deux ans, trois jours de concerts et sessions de jazz. Prochaine édition : 2020. https://jazzbrugge.kaap.be.

Décembre

▶ *Bruges*

December Dance – Festival de danse contemporaine au Concertgebouw. www.concertgebouw.be.

▶ *Bruges et Ostende*

Marché de Noël – Les inévitables petits chalets poussent en ville comme sur la côte durant le mois de décembre.

EXPOSITIONS TEMPORAIRES

Les principaux lieux

Le site www.visitbruges.be regroupe les informations relatives à la programmation des expositions actuelles et à venir dans divers musées et galeries de Bruges. Vous pouvez aussi suivre l'actualité des musées brugeois via le compte Twitter @Visit_Bruges. Sur la côte, des expositions temporaires sont organisées au **Mu.ZEE** d'Ostende (*p. 55*). Également à **Knokke-Heist**, au casino (*p. 61*) et au centre culturel Scharpoord (Merlaan 32 - 050 63 04 30 - www.myknokke-heist.be/fr).

Billetterie

Les billets pour ces expositions sont en vente sur place ou dans les offices de tourisme des différentes villes.

GALERIES

▶*Bruges*

Parmi les galeries spécialisées dans l'art contemporain, citons :

Absolute Art Gallery – Dijver 4 - ✆ 050 49 10 12 - www.absoluteartgallery.com/fr - jeu.-mar., dim. et j. fériés 11h-18h30. Art contemporain, photos, sculptures.

44 Gallery – Genthof 44 - ✆ 0489 55 26 63 - www.44gallery.be - sam.-dim. 14h-18h. Photographies.

Et aussi :

Galerie Pinsart – Genthof 21 - ✆ 050 67 50 66 - www.pinsart.be - vend.-dim. 14h-18h. L'art contemporain sous toutes ses formes, des installations multimédias aux sculptures.

▶*Damme*

Indigo – Kerkstraat 15 - ✆ 050 37 03 31 - www.indigoartgallery.be/fr - tlj sf mar., merc. et jeu. matin 11h-13h, 14h-18h, w.-end 11h-18h. Antiquités du monde entier et galerie très « retour de voyage », sur la place du village. Expos de photographies.

▶*Ostende*

Parmi les quelques galeries que compte la ville portuaire, citons **MaQUINZE** (Madridstraat 15 - www.maquinze.be - vend. 17h30-23h, sam. 17h30-0h, dim.-lun. 17h30-22h), où la contemplation de l'art contemporain se conjugue avec la dégustation de vins. Quant à la **galerie du Rat mort** (Vlaanderenstraat 43 - ✆ 059 50 24 79 - www.galerieduratmort.com - vend.-lun. 14h-18h), elle expose des œuvres souvent très originales.

▶*Knokke-Heist*

La station chic compte une soixantaine de galeries ! Trois fois par an (premier week-end des vacances d'été, d'automne et de printemps), lors de la manifestation **Art@ Knokke-Heist**, elles accordent leurs agendas respectifs pour grouper les événements et les vernissages. Liste des galeries et informations sur : www.myknokke-heist.be/fr/galeries-dart

Pour en savoir plus

Triennale Brugge 2018 : « Skyscraper » par le Studio KCA.
S. Ravera/age fotostock

Histoire de Bruges

PREMIERS PAS

Le premier peuplement connu de Bruges remonte à 2000 ans. Les Romains avaient installé sur ce territoire, doté d'un accès direct à la mer, un comptoir en relation commerciale avec l'Angleterre et la Gaule. Son nom actuel n'apparaît qu'à la fin du 9e s. et proviendrait de l'islandais *brygghia* signifiant « jetée » ou « appontement ». À partir de 862, **Baudouin Bras-de-Fer**, qui deviendra le premier comte de Flandre, élève un château destiné à protéger la côte, dont les petits comptoirs marchands sont constamment attaqués par les Normands.

LA MER, SOURCE DE RICHESSES

Au 11e s., sous Robert le Frison, la capitale florissante du comté de Flandre est un centre d'affaires au rayonnement européen. Sous l'effet du raz-de-marée de 1134, un nouvel estuaire naturel se creuse : le Zwin. La cité de **Damme** est alors créée. Elle sert d'avant-port à Bruges, à laquelle elle est reliée par une rivière endiguée, la **Reie**. Comme d'autres cités flamandes, Bruges s'adonne à la fabrication du drap et, à partir du 12e s., développe ses importations de laine anglaise ; elle prend alors la tête de la **Hanse de Londres**, une association qui regroupe plusieurs villes commerçant avec l'Angleterre. Grand marché d'échanges, Bruges est aux 13e et 14e s. l'un des comptoirs les plus actifs de la puissante **Ligue hanséatique**, association de villes du nord de l'Europe qui détient le monopole du trafic avec la Scandinavie et la Russie. Bruges en est le port le plus occidental et devient la plaque tournante du commerce nord-sud grâce à sa position et aux échanges avec des ports tels que Bordeaux ou La Rochelle.

Attirant les marchands de tout le continent, le port brugeois développe un **quartier d'affaires cosmopolite**, où se concentrent les représentations nationales, les comptoirs marchands, les banquiers et les sièges des corporations. On voit d'ailleurs fonctionner à Bruges la première Bourse d'Europe, en plein air.

La richesse commerciale va de pair avec l'**activité artistique** de la ville. Les familles aisées et influentes marquent la cité de leur empreinte en soutenant les artistes et les architectes. On agrandit l'hôpital St-Jean et l'église St-Sauveur, on édifie le beffroi et les halles ainsi que l'église Notre-Dame. Bruges se dote d'une **enceinte** dont subsistent encore aujourd'hui quatre portes. À la fin du 14e s. est bâti l'hôtel de ville sur le Burg.

Au 15e s. se développe un **style architectural** caractéristique : fenêtres rectangulaires surmontées d'un tympan, l'ensemble des baies s'encadrant parfois d'une gracieuse

Plan de Bruges du 16e s.

moulure en forme d'accolade. La ville attire les talents, tels van Eyck ou Memling. Entre le 12e et le 15e s., la cité vit son **âge d'or**.

PENDANT CE TEMPS...

Depuis 1280, la lutte est engagée en Flandre entre les bourgeois marchands, francophones, soutenant le roi de France (**leliaerts** ou partisans du lys) et le peuple des **clauwaerts** (ou gens des griffes, celles du lion de Flandre).

En 1300, **Philippe IV le Bel** fait emprisonner le comte de Flandre et annexe le comté. C'est au cours de sa Joyeuse Entrée (1301) que son épouse, la reine Jeanne de Navarre, voyant les Brugeoises richement parées, s'écrie : « Je me croyais seule reine, j'en vois des centaines autour de moi. » Le peuple s'indigne devant le luxe de cette réception dont on veut lui faire supporter les frais. À l'aube du 18 mai 1302, les clauwaerts dirigés par Pieter de Coninck massacrent la garnison française. Ce sont les **Matines brugeoises**, révolte qui entraîne l'envoi de l'armée de Philippe IV. Contre toute attente, ce dernier essuie le 11 juillet une défaite cuisante à Courtrai, connue sous le nom de **bataille des Éperons d'or** car les Flamands n'épargnent personne et s'emparent des éperons d'or des chevaliers français. Le

11 juillet 1302 reste une date clé dans l'histoire de l'émancipation de la Flandre.
En 1369, l'union de Marguerite de Male et du duc Philippe le Hardi marque le début de la période bourguignonne. En décembre 1429, le duc Philippe le Bon accueille à Bruges sa fiancée, Isabelle de Portugal, lors d'une somptueuse réception. Au milieu des cérémonies du mariage, Philippe fonde, le 10 janvier 1430, l'ordre de la **Toison d'or**, qui prône notamment l'exaltation de l'esprit chevaleresque, sous le patronage du héros mythologique grec Jason.

LA PRINCESSE ENDORMIE

À la fin du 15e s., l'ensablement du Zwin et le déclin de l'industrie drapière provoquent la **décadence de Bruges**, qui sera bientôt détrônée par Anvers.
La Flandre passe aux mains des Autrichiens lorsque Marie de Bourgogne épouse Maximilien Ier en 1477. La mort de la duchesse en 1482 plonge la province dans la guerre civile, divisée entre les partisans de l'Autriche et le parti du roi de France. En 1488, Bruges se révolte contre Maximilien, mais accueille avec faste l'empereur Charles Quint, son petit-fils et héritier, en 1520.
Au 16e s., les fureurs des iconoclastes protestants, puis les bandes de « gueux » en révolte contre la domination espagnole et, bien plus tard, l'invasion française de 1794 viennent précipiter la chute de la ville et amènent la disparition de nombreux monuments. Les béguinages de la région sont ainsi détruits, puis reconstruits en quelques décennies. Les 17e et 18e s. sont aussi ceux des **dentellières**, petites mains anonymes dont la production agrémente les tenues de la noblesse européenne, et enrichit quelques marchands locaux.

LE RENOUVEAU, LES GUERRES

La première révolution industrielle est sans effet sur la ville qui, en 1850, est la plus pauvre du pays. Pourtant, en 1838, sept ans après la déclaration d'**indépendance de la Belgique**, une première gare est édifiée sur le Zand, étape de la ligne Malines-Bruxelles-Ostende. Le port devient un point de transit majeur vers l'Angleterre.
À la fin du 19e s., la construction à **Zeebrugge** d'un môle en mer relié au nouveau port intérieur de Bruges par un canal de 11 km va rendre à la ville une certaine activité. Par ailleurs, la cité organise en 1902 une première exposition qui met à l'honneur les primitifs flamands.
À la même époque, **Léopold II** entreprend l'embellissement d'**Ostende**. Au milieu des cabanes de pêcheurs et des villas récentes, il construit un monumental casino, un théâtre, un hippodrome, autant d'aménagements qui attirent le gotha européen.
La **Première Guerre mondiale** fait des centaines de milliers de morts sur les champs de bataille de Flandre. Zeebrugge et Ostende servent de bases d'opérations à la marine allemande. Occupée par l'Allemagne durant les deux conflits mondiaux,

Bruges parvient miraculeusement à conserver son patrimoine quasiment intact.
Dans les années 1950, de nouvelles industries sont implantées le long du bassin intérieur et du canal Baudouin. En 1949, la ville obtient l'implantation sur son territoire du **Collège d'Europe**, un établissement d'enseignement supérieur prestigieux, né au lendemain du congrès de La Haye (1948) et dédié à la formation spécialisée dans les études européennes.

UNE RECONNAISSANCE INTERNATIONALE

Dans les années 1970, l'équipe de football du **Club Brugge** se distingue dans les compétitions continentales. L'histoire peut sembler anecdotique mais elle permet au plus grand nombre de placer la ville sur une carte...
Avec l'essor du **tourisme**, secteur qui constitue l'un des premiers employeurs de la ville, Bruges compte parmi les destinations courues, autant par les Européens que par les Japonais et les Américains, et maintenant les Chinois.
L'heure est aux nouveaux défis : élaboration d'un plan de circulation, création d'espaces verts, rénovation du patrimoine... ou comment moderniser la ville sans lui faire perdre son âme. Dans les dernières décennies du 20e s., la cité cultive son image romantique de Venise du Nord et met en œuvre la promotion de son potentiel culturel. Bruges, dont le centre historique est inscrit au Patrimoine mondial de l'Unesco en 2000, est nommée en 2002 **capitale européenne de la culture**. Ce titre donne un coup de jeune à la cité qui s'émancipe de son image, pourtant entretenue, de « ville-musée ». À cette occasion, est édifié le controversé vaisseau culturel du **Concertgebouw**, à l'extérieur du centre médiéval, pensé par les architectes Paul Robbrecht et Hilde Daem. Le bâtiment est recouvert de milliers de tuiles rouges en terre cuite. Ses détracteurs ont critiqué son architecture moderne et son « gigantisme », tandis que ses partisans ont estimé indispensable la création d'un espace d'envergure internationale à Bruges. Aujourd'hui, tout le monde est réconcilié devant l'excellence du lieu, grâce notamment à son acoustique réputée.
Des ponts futuristes enjambent les canaux et Toyo Ito installe l'architecture contemporaine sur le Burg – son pavillon temporaire a finalement été démonté en 2013.
Dernière reconnaissance en date, la procession du Saint-Sang est, en 2010, inscrite au Patrimoine culturel immatériel de l'Unesco (*p. 22*).
Avec une superficie de 13 840 ha, dont 430 pour le centre historique, Bruges compte **117 000 habitants** environ et accueille chaque année près de 4 millions de visiteurs auxquels elle semble parfois livrée. Elle ne jouit pas de l'image dynamique d'Anvers ni de Gand et n'a pas l'autorité de Bruxelles ; peu importe, les Brugeois veillent farouchement à conserver leur qualité de vie et, à travers nombre d'événements culturels ou sportifs, à animer leur cité.

Les grandes dates

862 – **Baudouin Ier** au Burg.
1127 – Premier rempart. Charte de ville.
1134 – Formation du **Zwin**. Bruges devient un **centre commercial** majeur.
1245 – Fondation du **Béguinage**.
1253-1520 – Bruges, comptoir de la Ligue hanséatique.
Début du 14e s. – Philippe IV le Bel annexe la Flandre, qui se rebelle : Matines de Bruges et bataille des Éperons d'or (1302).
1369-1506 – **Période bourguignonne**.
1436 – Le duc de Bourgogne, Philippe le Bon, fonde l'ordre de la **Toison d'or**. **Van Eyck** actif à Bruges.
1477 – Mariage de **Marie de Bourgogne** et Maximilien d'Autriche.
Fin du 15e s. – La Cour quitte Bruges. Amorce du déclin de la ville.
1482 – Mort de **Marie de Bourgogne**.
1504-1506 – Mort de son fils, Philippe le Beau, et de Jeanne la Folle : leur fils, **Charles Quint**, hérite des possessions bourguignonnes et espagnoles.
1549 – **Pragmatique sanction** : Charles Quint organise les provinces des Pays-Bas en une seule entité.
1555 – Charles Quint transmet les Pays-Bas à son fils, **Philippe II d'Espagne.**
1562 – Marcus Gerards grave le premier plan imprimé de Bruges.
1581 – Les Provinces-Unies (actuels Pays-Bas) font sécession. Bruges et les Pays-Bas méridionaux restent sous **domination espagnole**.
1666-1667 – Épidémie de peste.
1713-1795 – **Période autrichienne**.
1794-1830 – Destruction de l'église St-Donatien (1799). Occupation française puis hollandaise. Lutte pour l'indépendance.
1830-1831 – **Fondation de la Belgique** le 21 juillet 1831.
1838 – Première **gare** sur le Zand le long de la ligne Bruxelles-Ostende.
1865-1902 – Règne de **Léopold II**. Travaux d'embellissement à **Ostende**. Construction de **Zeebrugge** et de la ligne de tramway côtier.
1891 et 1899 – Création des clubs de football Club Brugge et Cercle Brugge.
1902 – Première exposition sur les primitifs flamands.
1914-1919 et 1939-1945 – Occupation allemande.
1920 – Ostende accueille les compétitions de voile des JO d'Anvers.
1951 – Léopold III abdique en faveur de son fils **Baudouin Ier**.
1987 – Naufrage meurtrier à **Zeebrugge**.
1993 – Mort de Baudouin Ier. Son frère **Albert II** lui succède.
2000 – Le centre historique de Bruges est inscrit au **Patrimoine mondial de l'Unesco**.
2002 – Bruges, **capitale européenne de la culture**.
2010 – Procession du St-Sang, inscrite au Patrimoine culturel immatériel de l'Unesco.
2015 – Première édition de la **Triennale de Bruges**, qui convie artistes et architectes contemporains à imaginer installations et parcours sur un thème de réflexion commun.

L'architecture du pouvoir

Dès la fin du 13e s., l'originalité de l'architecture se manifeste dans les **édifices communaux**. À l'horizon du plat pays, « avec des cathédrales pour uniques montagnes » comme l'a chanté Jacques Brel, les proportions et la verticalité des édifices du pouvoir s'imposent. Monuments emblématiques, le beffroi, l'hôtel de ville et les halles sont les symboles de l'autonomie municipale et la fierté des villes belges, surtout flamandes. Cibles principales des photographes, ils ne créent pourtant pas à eux seuls l'atmosphère des villes de la région, dont le charme émane tout autant des canaux, de la musique allègre des carillons, de la sérénité des béguinages et de l'ambiance chaleureuse des cafés.

LA GRAND-PLACE

Le cœur de la cité... Appelée « Grote Markt » en pays flamand, la Grand-Place est encadrée par les principaux monuments de la cité, dont l'hôtel de ville, les halles et le beffroi, et par les maisons de corporations. Ces édifices témoignent d'une autonomie locale jalousement défendue et d'une vie communale active.
Le **Markt** de Bruges, l'une des places les plus célèbres de Belgique, ne déroge pas à la règle. Il se trouvait jadis au centre des activités de la cité, même si l'hôtel de ville bordait le Burg voisin. C'est sur le Markt qu'avaient lieu les mises au pilori, les exécutions, et que les cortèges, processions, cavalcades, kermesses et foires déroulaient leurs fastes. Toujours au cœur de la vie locale, le Markt demeure un point de rencontre et d'échange. Les bus s'y croisent, les touristes y débouchent inmanquablement, le marché l'investit chaque mercredi et le Tour de Flandres y prend son départ. *Sport roi et petite reine p. 131.*

LE BEFFROI

Construction en charpente destinée à abriter les cloches, le beffroi s'est développé à partir du 11e s., accompagnant l'essor des villes libres qui obtenaient du seigneur local le droit de s'administrer par elles-mêmes. Les chartes et les privilèges consentis aux habitants étaient conservés en général dans le beffroi, symbole de l'autonomie de la commune, face au donjon seigneurial et au clocher d'église.
Le beffroi flamand est conçu comme un donjon, avec échauguettes et mâchicoulis. Son architecture reflète ses différentes fonctions. Au-dessus des fondations qui recèlent traditionnellement la **prison**, deux salles abritent les **archives** municipales, avec en saillie une bretèche ou un balcon d'où se font les **proclamations**. Le sommet héberge la **salle des cloches** composant le carillon, et la **loge des guetteurs**, porteurs de trompes.

Le beffroi de Bruges se dresse sur la Grand-Place à l'endroit occupé avant le 13e s. par un bâtiment qui regroupait les fonctions administratives de la ville. Lorsque, après un incendie, celles-ci furent transférées sur le Burg au 13e s., seules les halles furent conservées sous le beffroi. Incendié, plusieurs fois reconstruit (*p. 18*), le beffroi de Bruges est le plus haut du pays (83 m).

LES HALLES

En Flandre, le développement des communes est indissociable de celui de la draperie ; au 15e s., Gand comptait 4000 tisserands sur 50000 habitants.

Les **halles aux draps** se composent d'un bâtiment rectangulaire scindé en vaisseaux formant un marché couvert, sous un étage d'entrepôts.
Moins imposantes que celles d'Ypres (125 m de façade), les **halles de Bruges**, commencées à la fin du 13e s., figurent parmi les plus belles du pays. Elles englobent le beffroi, car elles servaient à l'origine de maison communale.

L'HÔTEL DE VILLE

Les plus beaux hôtels de ville de Flandre (Bruges, Louvain, Bruxelles, Audenarde) furent édifiés à partir de la fin du 14e s., alors que s'amorçait le déclin du commerce du drap.
Donnant l'exemple, Bruges fit ériger son hôtel de ville en 1376. Avec son allure de chapelle, c'est le plus ancien de Flandre. Puis viendront celui de Bruxelles (15e s.) et ceux de Louvain, de Gand et d'Audenarde, achevés sous la Renaissance. Les façades étaient en général ornées de niches abritant les statues des comtes et comtesses de Flandre, ainsi que des saints patrons de la cité.
À **Bruges**, quarante-huit statues ornaient l'hôtel de ville, dont six peintes par van Eyck. Détruites par les sans-culottes, elles ont été remplacées par des copies.
À l'étage, la grande salle des Échevins, faisant office de salle de réunion ou de salle des fêtes, est décorée de tapisseries et de scènes représentant l'histoire de la ville ou la vie de son saint patron. Elle comporte une cheminée monumentale de style néogothique.

MAISONS DE CORPORATIONS

Le style gothique se manifeste dans les demeures et maisons de corporations flamandes, notamment à Bruges où se crée un style bien particulier, de tendance flamboyante, qui se perpétue jusqu'au 16e s. Il comporte une caractéristique notable, la **travée brugeoise** : à l'origine surmontées d'un tympan décoré, les fenêtres sont par la suite associées aux tympans sous une accolade en creux.
Les réunions des corporations avaient lieu en leur siège, où les biens de la guilde étaient conservés. Les façades richement décorées, ornées de la statue du saint patron ou d'un animal symbolique, témoignent du **rôle majeur** que les corporations jouaient dans la société.

Maisons-Dieu et béguinages

POUR LES DÉMUNIS…

Édifiées à partir du 14e s., les **maisons-Dieu** *(Godshuizen)* étaient des lieux d'asile pour les personnes âgées ou les miséreux. Leur construction était financée par des corporations – les artisans assurant ainsi un toit à leurs confrères âgés –, ou par des familles aisées qui espéraient s'assurer une place au paradis, s'inscrivant ainsi dans la pratique des indulgences.
Ces complexes architecturaux sont formés par des rangées de **maisonnettes basses** en brique, blanchies à la chaux, surmontées d'une haute lucarne et d'une cheminée. Une porte mène à une pièce unique, éclairée par une fenêtre. La soupente est accessible par une échelle. Les toilettes dans la cour et un jardinet, où chacun pouvait cultiver quelques légumes, ainsi que la fourniture du bois de chauffage et, en théorie, d'un repas quotidien garantissaient un confort minimum.
Chaque maison-Dieu englobe une **chapelle** réservée à ses habitants qui avaient tout loisir d'adresser au ciel des prières pour le salut de leur bienfaiteur.
Sous leurs airs paisibles, les maisons-Dieu étaient actives. Nombre de **dentellières** brugeoises *(Point de fée p. 130)* s'y affairaient. Les lieux bruissaient du cliquètement des fuseaux. À l'abri du chômage, les femmes et les enfants étaient ainsi maintenus au travail à domicile pour le plus grand bénéfice des magnats locaux de l'activité textile.
La plupart des maisons-Dieu de Bruges datent du 17e s. De beaux exemples subsistent dans Katelijnestraat notamment. Ils ont pour noms De Meulenaere, St-Joos, De Vos, Weem. Le Centre de la dentelle est lui aussi aménagé dans une maison-Dieu.
La plupart sont aujourd'hui **rénovées** et modernisées. Leurs adorables façades et leurs jardins clos font bien des envieux. Les personnes âgées y sont toujours prioritaires – le système d'assistance sociale perdure donc.
Pour le touriste de passage, les maisons-Dieu, véritables petits hameaux dans la ville, sont d'agréables havres où se reposer quelques instants. Il convient bien évidemment de **respecter le calme** qui y règne.
p. 24, 32 et 36.

… ET LES FEMMES SEULES

On ignore l'origine exacte des **béguinages** *(begijnhof)*. Selon certains, la première institution de ce genre aurait été créée à la fin du 12e s. par le prêtre réformateur Lambert le Bègue à Liège.

Cependant, la tradition attribue la fondation des béguinages à sainte Begge qui, devenue veuve, fonda un monastère à Andenne (dans la province actuelle de Namur), où elle mourut en 693.

Au 13e s., les béguinages prirent leur forme définitive d'**enclos indépendants** avec plusieurs portes d'entrée, regroupant des maisonnettes serrées autour de leur église. Nombre d'entre eux ont été détruits lors des mises à sac iconoclastes en 1566, puis reconstruits à la fin du 16e et au 17e s.

Aujourd'hui calmes et silencieux, les béguinages étaient à l'époque des **établissements actifs**. Souvent situés hors du centre-ville et entourés de murs, ils n'en étaient pas moins animés. Les béguines formaient d'ailleurs une communauté florissante de **femmes non mariées** et de **veuves** au sein de la ville. Elles étaient tenues à l'observance de quelques règles, comme le port de l'habit, la présence aux offices et l'exercice de travaux manuels. Contrairement aux membres des ordres religieux, les béguines ne prononçaient pas de vœux définitifs de pauvreté et de chasteté. Elles étaient libres de quitter la communauté à tout moment.

Cette souplesse relative explique la popularité des béguinages, surtout auprès des femmes seules qui y trouvaient refuge et sécurité en période de troubles.

Pendant la journée, les béguines vaquaient librement à leurs **occupations** : soins des malades, dentelle, filage et tissage. À la nuit tombante, elles devaient être rentrées avant la fermeture des portes. Chacune devait obéissance à la Grande demoiselle qui dirigeait la communauté. Ces quartiers paisibles furent aussi, semble-t-il, des lieux de **mysticisme**.

Il reste environ une vingtaine de béguinages dans le nord de la Belgique. Certains d'entre eux sont encore habités par des religieuses (bénédictines à Bruges), des personnes âgées, des associations culturelles et parfois même des étudiants et des professeurs d'université comme à Louvain.

Depuis 1998, 13 béguinages flamands figurent sur la liste du **Patrimoine mondial de l'Unesco**. Ce sont les béguinages de Hoogstraten, émouvant de simplicité, Lierre, une vraie ville dans la ville, Malines (Grand Béguinage), Turnhout, St-Trond et ses maisons de style mosan, Tongres, Termonde, Gand (Petit Béguinage), Sint-Amandsberg (Mont-Saint-Amand-lez-Gand), Diest, l'un des plus importants du pays, Louvain (Grand Béguinage), rénové pour les étudiants, Courtrai, au charme touchant et, bien sûr, **Bruges**, avec sa célèbre « prairie » plantée de jonquilles et ses arbres dansants (*p. 34*).

Les primitifs flamands

C'est au 19e s. que les historiens de l'art ont commencé à utiliser le terme de « primitifs » pour désigner les artistes qui ont précédé et préparé la Renaissance. Possessions du puissant duché de Bourgogne, les Flandres furent avec l'Italie l'un des foyers du renouvellement de la peinture au 15e s.

INNOVATIONS MAJEURES

Comme leurs homologues italiens, les primitifs flamands s'intéressent aux innovations picturales telle la représentation de la perspective, tout en conservant des éléments du gothique tardif (figures élancées, représentation d'architectures dans le goût médiéval).

On les crédite de deux nouveautés majeures : l'utilisation de la peinture à l'huile qui permet un rendu précis des détails et des effets de transparence appelés glacis, ainsi que le réalisme et le naturalisme de leurs représentations. Leur art délaisse le cadre restreint de la miniature, dans lequel se sont par exemple illustrés les frères de Limbourg, auteur des *Très Riches Heures du duc de Berry,* pour s'attaquer à de nouveaux supports et formats. Guidés par l'esprit du siècle, ces artistes, qui occupent une place de choix dans la société de leur époque, observent le réel avec un souci d'objectivité qui révolutionne la composition. Par son activité et sa capacité de mécénat, Bruges devient le berceau de ce courant.

LES ARTISTES À BRUGES

C'est ici que s'est établi **Jan van Eyck** (v. 1390-1441), « perfecteur » de la technique à l'huile, auteur notamment du retable de *L'Adoration de l'Agneau mystique* (cathédrale St-Bavon à Gand), et de *La Vierge au chanoine Van der Paele,* remarquable par la somptuosité du décor et l'extraordinaire facture du portrait du donateur. **Hans Memling** (v. 1435-1494) est à Bruges ce que Rubens est à Anvers. D'origine allemande, il s'établit à Bruges où il exécute un grand nombre de commandes pour l'hôpital St-Jean, des magistrats municipaux ou de riches étrangers. Alliée à la chaleur des coloris et à la perfection des détails, la sérénité qui règne dans ses tableaux leur confère un charme intense. Memling est le peintre des douces madones et des calmes figures féminines. Né à Oudewater en Hollande, **Gérard David** (v. 1460-1523), son élève, en perpétue fidèlement le style et ne se départ pas de la gravité et de la précision, caractéristiques des œuvres de son maître *(Baptême du Christ).* À l'époque de la Renaissance, ses continuateurs, **Adriaen Isenbrandt**, venu de Haarlem, **Ambrosius Benson** de Lombardie, **Jan Provoost**, originaire de Mons, et **Pieter Pourbus** de Gouda (Hollande) sont les derniers talents de cette école brugeoise dont il faut citer également des anonymes : le Maître de la Légende de sainte Ursule et le Maître de la Légende de sainte Lucie.

Où voir les primitifs p. 26 et 29.

Pinceaux littoraux

ENSOR ET SPILLIAERT, PEINTRES D'OSTENDE

De père anglais et de mère flamande, **James Ensor** (1860-1949), qui s'éloigna peu de sa ville natale et ne fut reconnu que tardivement, est l'un des grands peintres de la fin du 19e s. Il délaisse vite une peinture sobre pour utiliser couleurs violentes et empâtements afin d'illustrer, avec une technique déjà expressionniste, des thèmes macabres ou satiriques peu appréciés du public. Ensor est le père d'un monde imaginaire et fantastique, peuplé de masques, de squelettes et de personnages de carnaval, qui annonce le surréalisme.

Né à Ostende, **Léon Spilliaert** (1881-1946) fut un proche d'Ensor. Influencé par les symbolistes belges et par Munch, lecteur de Nietzsche et de Lautréamont, il peint des toiles qui naviguent entre rêve et réalité, d'où se dégage une évidente mélancolie. Il privilégie les larges espaces vides (mer, plage), les digues, les noctambules perdus dans des villes endormies. Ostende n'est jamais loin...

Où voir les œuvres d'Ensor et de Spilliaert p. 52-55.

LE LYRISME DE PERMEKE

Chef de file de l'expressionnisme flamand, le peintre, sculpteur et dessinateur **Constant Permeke** (1886-1952) est connu pour ses paysages, ses marines et ses portraits au lyrisme un peu primitif. Après avoir été grièvement blessé lors du siège d'Anvers en 1914, il est évacué en Angleterre où il peint de grands tableaux de figures et des paysages, dont certains rappellent Turner par leur allure informelle. Sous l'influence du cubisme et de l'art africain, le style de l'artiste se fait ensuite plus abstrait. Celui qu'Ensor surnomme « l'as des embruns » affirme vite son fort attachement au terroir, comme en témoignent ses marines, paysages, portraits monumentaux de pêcheurs et de paysans dans des tons chauds et terre. Vers la fin de sa carrière, il peint un émouvant *Adieu* (1948) à la mort de son épouse.

Permekemuseum p. 45.

DELVAUX L'ONIRIQUE

Né en Wallonie, **Paul Delvaux** (1897-1994) est tombé sous le charme de la côte où il termina ses jours. Il a su, mieux que tout autre, créer un monde onirique, à la fois étrange, hallucinant et poétique, où errent des femmes nues, ou encore des squelettes remplaçant des personnages bibliques. Fasciné par les gares, qu'il a aussi souvent représentées, Delvaux fut à ses débuts influencé par l'expressionnisme flamand dans ses représentations de paysages ruraux ou industriels. Il évolua vers des compositions surréalistes, où il parvint à développer un style très personnel.

Musée Paul-Delvaux p. 56.

Bestiaire de légende

INVITÉS PERPÉTUELS

À Bruges, les noires corneilles volent dans un ciel blanc, et les **cygnes** blancs fendent les eaux noires. Si les premières sont copieusement ignorées, les seconds font l'objet de toutes les attentions, qu'ils soient « mitraillés » par les touristes ou transformés en chocolats par les pâtissiers. Selon la **légende**, ils vivent à Bruges en signe d'expiation. En 1488, les Brugeois révoltés avaient emprisonné Maximilien d'Autriche dans la maison Craenenburg, et décapité son conseiller, Pierre Lanchais. Un cygne ornant les armes de ce dernier, Maximilien, une fois libéré, aurait ordonné aux Brugeois, afin qu'ils expient leur crime, d'entretenir à perpétuité les cygnes de la ville.

Visit Bruges/© Jan Darthet

Cygne sur le Minnewater.

UN LION DANS LE PLAT PAYS

À Bruges, le vent anime nombre de drapeaux colorés, hissés très haut aux mâts des places principales. Les drapeaux belge, flamand, européen bien sûr, mais aussi celui de la ville. Sur un fond à huit bandes alternées rouges et argent, un **lion** d'azur couronné d'or et portant une croix d'or autour du cou montre une langue et de menaçantes griffes rouges. Le **Vlaamse Leuw**, lion des Flandres, est apparu sur le blason de Bruges au 13e s. Pourquoi les comtes de Flandre ont-ils choisi un lion ? A-t-il été adopté lorsque les Flamands se sont rangés au côté du Saint-Empire, dont les armoiries portaient un lion ? A-t-il été rapporté des croisades de 1168 par Thierry d'Alsace ou par son fils, Philippe ? Était-il tout simplement un symbole courant dans les blasons médiévaux ? Quoi qu'il en soit, le félin « armé et lampassé de gueules » a traversé les siècles.

UN OURS BIEN LOGÉ

Dans une niche de la loge des Bourgeois (*p. 40*), un ours de

M. Weber/imageBROKER/age fotostock

Le lion et l'ours sur le blason de la ville.

pierre portant un bouclier pointe son museau. Il s'agit du **Brugs Beertje**, l'un des principaux symboles de la ville. On raconte en effet que lorsque Baudouin Bras-de-Fer, premier comte de Flandre, visita la région en 862, le premier être vivant qu'il rencontra fut un **ours**. Ne portant pas son surnom pour rien, le comte tua le plantigrade après un violent combat et le cloua à un arbre. Mais, pour saluer son valeureux adversaire et l'incongruité de la rencontre, il décida d'élever l'animal au rang de symbole de la cité. Une autre version, aussi funeste pour l'ours, raconte que Baudouin poursuivit et tua l'animal qui terrifiait la région. Cet acte de bravoure le fit remarquer par Charles le Chauve dont il devint le vassal puis, après quelques péripéties, le gendre. Par la suite, l'ours fut adopté comme emblème par une société de joutes chevaleresques nommée **De Witte Beer**. Aujourd'hui, fidèles à la tradition, les habitants continuent d'habiller la petite statue de la niche lors d'événements exceptionnels.

Point de fée

ORIGINE VÉNITIENNE, TECHNIQUE FLAMANDE

Si l'art de la **dentelle** est d'origine vénitienne, la Flandre revendique la paternité de la technique au fuseau. Cette dernière est pratiquée sur un coussin ou « carreau » : les fils tendus par les bobines ou fuseaux, jusqu'à 700 pour les motifs les plus élaborés, sont manipulés de façon à former un réseau ou un dessin. Au 16e s., le motif primitif de la dentelle se cantonne à la géométrie et aux parements du vêtement (col, manches). Enseigné aux jeunes filles et pratiqué dans les béguinages, l'art de la dentelle se popularise. **Bruxelles** figure parmi les principaux centres de l'époque, dont les diverses écoles se caractérisent par des particularités techniques. Au début du 18e s., la dentelle de Bruxelles adopte un réseau dérivé de la maille ronde : plus fin et composé de petites mailles hexagonales, le **réseau Drochel** s'impose pour s'harmoniser aux fantaisies du style Louis XV.

DENTELLE DE BRUGES

Les mains habiles des dentellières de Bruges, souvent issues des milieux les plus défavorisés, ont largement contribué à la renommée de la ville. Au 15e s., alors que s'amorçait le déclin de la cité, elles s'activaient pour gagner de quoi vivre. C'est aux 17e et 18e s. que leur art atteignit son apogée. La mode étant aux manches larges, aux fraises et aux cols empesés, les habits de la noblesse appelaient les délicates dentelles. Produites dans les béguinages, les maisons-Dieu ou le quartier Ste-Anne, elles étaient en général vendues *via* des centres de dentelles européens. Au milieu du 19e s., un cinquième de la population de la ville, soit 10 000 personnes, étaient des dentellières et vers 1900, 70 % des dentellières du pays résidaient à Bruges ! Des écoles de formation, comme l'école Foere et celle des sœurs apostolines, furent créées pour perpétuer la tradition, notamment celle du Gros Fleuri de Bruges, une dentelle à fils coupés dont les motifs sont souvent inspirés de la nature, et des ouvrages au point de fée.

La **dentellière** travaillait souvent seule, à domicile, avec du lin fourni par le marchand, et du matériel qu'elle devait acheter. Malgré le succès de leur production, la difficulté et la pénibilité du travail, les revenus étaient faibles. Le coût réduit de cette main-d'œuvre sans droits permit aux **marchands** de s'enrichir considérablement. Après 1918, l'activité s'éteignit progressivement face à la concurrence des dentelles mécaniques. Elle est aujourd'hui anecdotique... mais toujours impressionnante !

Découvrez l'histoire de la dentelle au Centre de la Dentelle, p. 38 et au musée de la Vie populaire, p. 36.

Sport roi et petite reine

UN CLUB, UN CERCLE

Chaque week-end, la Bruges du football est coupée en deux ! D'un côté, les *blauw en zwart* (bleu et noir) du **Club Brugge KV**, né en 1891, revendiquent l'un des palmarès les plus importants du football belge : plus de 90 saisons en première division, 13 championnats et 10 coupes. Dans les années 1970, emmené par le buteur Raoul Lambert, le club écrit ses plus belles pages en dominant régulièrement l'éternel ennemi de la capitale, Anderlecht, et en atteignant deux finales européennes qu'il perd contre Liverpool en 1976 (C3) et en 1978 (C1). Le rival local est le **Cercle Brugge KSV**, fondé en 1899 par d'anciens élèves de l'Institut St-François-Xavier, et première équipe flamande à remporter le championnat en 1911. Les années 1927 (un doublé) et 1930 (championnat) sont dorées. Mais après la guerre, le Cercle descend en D3 et ses supporters devront patienter jusqu'en 1985 pour fêter un nouveau titre (coupe) ! Depuis 1975, les deux équipes partagent le stade Jan Breyde, mais d'ici à 2020, chacune devrait avoir le sien. Les **derbys** entre les « bourgeois » du Club et les « ouvriers » du Cercle sont évidemment très suivis. Et même si la rivalité n'est plus aussi idéologique, les drapeaux fleurissent aux fenêtres. *www.clubbrugge.be et www.cerclebrugge.be.*

DANS LA ROUE D'EDDY

Le dieu du cyclisme est belge. Il s'agit d'**Eddy Merckx** bien sûr, le « cannibale » affamé de victoires, que les Belges considèrent comme le plus grand cycliste, si ce n'est le plus grand sportif de l'histoire. Le quintuple vainqueur du Tour de France suscite encore des vocations. Si tous ne sont pas des Tom Boonen ou Philippe Gilbert, vedettes du moment, des milliers de licenciés affiliés à des centaines de clubs pédalent à travers le plat pays – pas si plat que cela. Bruges, comme bien d'autres villes belges, fait la part belle aux cyclistes, qu'ils soient amateurs, sportifs ou « navetteurs » au quotidien. Les touristes sont eux-mêmes invités à grimper en selle pour découvrir la ville et ses environs, en profitant de pistes balisées, de parkings et de services de location *Vélo p. 103.*

La cité est également fière d'accueillir sur son Markt, depuis 1998, le départ du **Tour de Flandres**, l'une des plus célèbres des courses belges. La 1re édition du *Ronde van Vlaanderen* a eu lieu en 1913. Et depuis 1919, elle n'a connu aucune interruption, même durant la Seconde Guerre mondiale. Malgré sa stature internationale, celle que les Belges appellent parfois « la plus belle » tourne souvent au match entre sportifs locaux. En avril, ne manquez pas cet événement festif qui, avec ses « monts » et ses pavés, postule à l'inscription au Patrimoine culturel immatériel de l'Unesco.

Courir la gueuze

LA BOISSON NATIONALE

La Belgique compte plus de **400 bières** différentes, commercialisées sous plus de 800 noms. De fermentation basse ou haute, blonde ou brune, douce ou amère, aigrelette ou sucrée, légère ou corsée, fruitée ou épicée, filtrée ou trouble… nulle part ailleurs il n'existe autant de variétés. Et c'est plus largement la « culture de la bière en Belgique » qui a été inscrite au Patrimoine culturel immatériel de l'Unesco fin 2016.

Au Moyen Âge, le brassage de la bière était le privilège des monastères. Cinq abbayes, dont Orval, Chimay et Westmalle, fabriquent encore la **trappiste**. Essayez les **blanches** (Hoegaarden, Brugs), rafraîchissantes, les **rouges** (Rodenbach), typiquement flamandes, les **ales** (Vieux Temps), les **fortes** (Duvel, Delirium) et les innombrables bières locales (Kwak, La Chouffe, etc.). Les premières, de fermentation spontanée, sont vieillies dans un fût appelé foudre. Elles ne moussent pas et affichent 5 degrés. Fin juillet, les brasseries transforment une partie de leur lambic (bière de fermentation spontanée) avec des cerises, des framboises ou du sucre de canne, donnant la *kriek*, la framboise et la surprenante *faro*. Quant à la gueuze, elle résulte d'un mélange de lambics d'années différentes, créant ainsi une seconde fermentation. Elle a un goût aigrelet caractéristique.

Mais, comment déguster une bière belge ? Le plaisir de toutes ces bières débute avec la **découverte du verre**. La variété des formes surprend : bombé, longiligne, en équilibre sur un socle, etc. Un petit en-cas est traditionnellement proposé : cubes de fromage belge ou de charcuterie, tartines de pain de seigle au fromage blanc avec oignons et radis. Un délice !

LA BIÈRE À BRUGES

La ville peut s'enorgueillir d'avoir vu naître la première **guilde des brasseurs**, en 1308, avant Liège et Bruxelles. Jusqu'au 14e s., la fabrication du breuvage nécessitait l'ajout d'un mélange d'herbes aromatiques et de fleurs séchées : la *gruit*. La famille Van Brugghe, qui en détenait le monopole commercial, s'assura ainsi une fortune considérable, avant que le houblon ne prenne le relais de l'additif odorant. Aujourd'hui, deux brasseries, **De Halve Maan** (fondée en 1546 et connue sous ce nom depuis 1856) et **Bourgogne des Flandres** (1825), sont encore en activité dans la cité… sur les 34 qui s'y trouvaient au début du 20e s. Leur visite permet de découvrir la manière dont on fabrique le breuvage et de déguster des spécialités de chaque maison. Bruges possède également un musée dédié à la boisson nationale ; on y retrace l'histoire de la bière à travers les siècles, le parcours se termine par une découverte gustative (et une boutique bien achalandée). De plus, la ville peut maintenant s'enorgueillir de posséder le premier « **bièreoduc** » souterrain au monde. Depuis 2016, il relie la brasserie De Halve Maan, située dans le centre historique, à son usine d'embouteillage installée à une distance de 3 km. Il permet ainsi de réduire considérablement le trafic des poids lourds nécessaires à l'acheminement du précieux breuvage ; le pipeline assurant un débit de 4 000 l de bière par heure.

7 **De Halve Maan** - ***D7*** - *Walplein 26 - ✆ 050 44 42 22 - www.halvemaan.be - 11h-16h (sam. 17h) - fermé 25 déc. et 1er janv. - visite guidée en français ttes les h - 10 € avec dégustation d'une « Fou de Bruges », la spécialité maison - restaurant ouvert tlj le midi, jeu.-sam. le soir.*

12 **Bourgogne des Flandres** - ***E5*** - *Kartuizerinnenstraat 6 - ✆ 050 33 54 26 - www.bourgognedesflandres.be - mar.-dim. 10h-18h - visite guidée en français ttes les 20mn - 10,50 € avec dégustation de la spécialité (bière rouge-brun) - restaurant ouvert le soir et les w.-ends.*

Voir aussi Prendre un verre p. 73.

Bruges Bier Experience *(Musée de la Bière) - Breidelstraat 3 - ✆ 050 69 92 29 - www.brugesbeermuseum.com - 10h-18h (musée), 18h30 (bar) - fermé 1er janv. et 25 déc. - 14 € avec trois dégustations, 9 € sans, tablette et audioguide en français inclus.*

LES « FOUS DE BRUGES »

En 1488, alors qu'il se rend en visite à Bruges, le régent Maximilien d'Autriche est victime d'un coup d'État. Il est retenu prisonnier pendant plus de quatre mois. Libéré, il interdit alors foires et marchés dans toute la ville. Les Brugeois, pour contourner cette sentence, décident d'organiser une grande fête en son honneur. Lui demandant alors l'autorisation de construire un nouvel asile d'aliénés, ils se seraient entendu répondre : « Fermez toutes les portes de la ville, et vous l'aurez, votre asile de fous ! » Le nom de « fou de Bruges » est resté... y compris pour désigner une bière produite par la brasserie De Halve Maan – *Brugse Zot*, en version originale !

Du sucre et de l'iode

DOUCEURS BRUGEOISES

Aujourd'hui évident, le lien entre le chocolat et la Belgique est né au 17e s., lorsque les commerçants des ports d'Amsterdam et d'Anvers commencèrent à importer du cacao des Antilles. Trois siècles plus tard, la **colonisation du Congo** facilita l'accès aux plantations de cacao. S'appuyant sur l'importation et sur la transformation de la matière première, des familles belges créèrent des sociétés spécialisées, dont certaines existent encore. En 1883 apparaît ainsi la marque Côte d'Or, à laquelle est adjoint le célèbre éléphant en 1906. Un an plus tard, la société néerlandaise Kwatta déplace le chocolat du salon à la rue en inventant les **barres de chocolat**. Actif depuis 1857, le confiseur Neuhaus révolutionne le milieu en créant en 1912 la **praline**, une bouchée chocolatée fourrée. Le **ballotin** ne tarde pas à suivre, boîte de carton à la fois élégante et protectrice. Succès immédiat. Aujourd'hui, à Bruges comme à Bruxelles, les boutiques spécialisées sont légion : attrape-touristes ou artisans géniaux qui contenteront les amateurs de saveurs authentiques. Choisissez votre endroit (26 enseignes différentes à Bruges !) et ne craignez pas de rapporter un **brugsch swaentje** (cygne en chocolat). Mais les plaisirs sucrés sont loin de se limiter au chocolat : il faudra aussi goûter au **brugse acht** (nœud de Bruges), cousin du palmier français, aux **brugse mokken** à la farine de seigle et au sirop, aux ultrafins **amandelbrood** (speculoos aux amandes) et au **brugse beschuit** (pain au lait et sucre candi) ! Sur la côte, la station de Blankenberge est célèbre pour son **babelutte**, un caramel au miel ou à la cassonade.
Shopping p. 77, et Choco-Story p. 41.

MADE IN MER DU NORD

L'air iodé de la mer du Nord ne peut que titiller vos papilles. Laissez-vous d'abord tenter par les **moules-frites**, combinaison des deux vedettes de la gastronomie locale. Vous apprécierez aussi la **crevette grise**, pêchée de manière traditionnelle – à l'aide de puissants chevaux brabançons – à Oostduinkerke lors de la fête qui lui est consacrée en juin. Enfermée dans une croquette et servie avec du persil frit, ou débordant d'une tomate, la « petite grise » est un vrai bonbon iodé. Ostende, dont les étals du marché portuaire sont parfaits pour une mise en bouche, s'enorgueillit de sa **sole**, à l'ostendaise bien sûr. La ville s'est aussi enrichie grâce aux **harengs**, à déguster fumés notamment. La Belgique est le pays du **pot-au-feu** *(waterzooi)*, un mode de préparation qui convient bien aux poissons. Pensez enfin aux **anguilles**, préparées souvent « au vert », et présentes au menu de tous les restaurants du pays, en particulier à Damme.

Chanter la mer du Nord

Avec la mer du Nord pour dernier terrain vague
Et des vagues de dunes pour arrêter les vagues
Et de vagues rochers que les marées dépassent
Et qui ont à jamais le cœur à marée basse (...)

Ah ! Le plat pays... *Mijn platte land, mijn vlaanderland*, une touchante déclaration d'amour de **Jacques Brel** à sa terre, qui devrait en faire son hymne national... Mais aussi une description si juste que chaque touriste devrait en retenir les paroles afin d'apprécier davantage la balade sur la plage d'Ostende par exemple. Le grand Jacques n'est pas le seul chanteur francophone à avoir été inspiré par la côte belge. **Léo Ferré** et Jean-Roger Caussimon ont ainsi exprimé cette étonnante attraction-répulsion que l'on ressent en parcourant la « reine des plages » dans *Comme à Ostende*. La météo pas toujours clémente, la lumière changeante et fascinante, la mélancolie, la bière, l'envie d'ailleurs mais le bonheur d'être ici :

On voyait les chevaux d'la mer
Qui fonçaient la tête la première
Et qui fracassaient leur crinière
Devant le casino désert (...)
(...) Oui ça pleuvait, oui ça pleuvait
Comme à Ostende et comme partout
Quand sur la ville tombe la pluie
Et qu'on s'demande si c'est utile
Et puis surtout si ça vaut l'coup
Si ça vaut l'coup d'vivre sa vie

Salvatore **Adamo** s'est concentré sur le teint clair des *Filles du bord de mer*, dans une chanson-valse entraînante dont le *tsoin tsoin tsoin* fait toujours danser les Belges de toutes générations :

Z'étaient chouettes les filles du bord de mer
Z'étaient chouettes pour qui savait y faire

Et beaucoup rêvent, en foulant le sable blond du littoral, d'apercevoir :

(...) une qui s'appelait Ève c'était vraiment la fille d'mes rêves
Elle n'avait qu'un seul défaut elle se baignait plus qu'il ne faut (...)

Alain Souchon, dans *Le Baiser*, respire le grand air de la mer du Nord en hiver, à deux pas du royaume :

(...) Tournez le vent la dune à l'envers
Tournez le ciel et tournez la terre
Tournez tournez le grand air
La Belgique locale
Envoyait son ambiance musicale (...)

Quand il se promène *À Ostende*, **Alain Bashung**, lui, aime :

Gibraltar. Ces rochers qui s'ingénient
À me faire du plat (...).
(...) La mer se retire, cache ses rouleaux
À l'ombre des digues, elle et moi on s'ennuie
Nos souvenirs font des îles flottantes
À Ostende, j'ai la hantise de l'écharpe
Qui s'effiloche à ton cou (...)

Il était donc bien naturel qu'**Arno**, le natif d'Ostende, reprenne de sa voix éraillée ces chansons d'Adamo et de Léo Ferré.

Guildes et corporations

GROUPEMENTS D'INTÉRÊT

Apparues dans l'Europe du Nord-Ouest dès l'époque carolingienne, les **guildes** (ou *gildes*) sont des organisations de solidarité regroupant des hommes ayant des intérêts communs. Profitant de la reprise des relations économiques dans la région après les invasions normandes, elles se multiplient au 11e s. et leur caractère professionnel se précise. Les guildes de marchands sont les plus nombreuses. Les guildes d'artisans apparaissent à partir du 12e s., suite au mouvement communal qui voit se former des villes. Ces entités tendent à disparaître au cours du 13e s., avec l'élargissement des horizons économiques et l'ampleur des affaires qui rendent nécessaires de nouvelles formes de solidarité. Les institutions municipales et les communautés de métiers jurés (ceux qui prêtent un serment), futures **corporations**, prennent le relais dans la défense des intérêts communs et l'organisation des professions.
Les **hanses** sont, pour leur part, des associations professionnelles de marchands exerçant une activité commune dans une zone à géométrie variable. Bruges fit partie de la Hanse de Londres, centrée notamment sur le commerce des laines, de la Hanse des XVII, villes qui regroupait des marchands drapiers, et de la Ligue hanséatique, dont elle fut un comptoir.

ARCHERS ET ARBALÉTRIERS

À Bruges, à partir du 15e s., une grande partie de la défense de la ville reposait notamment sur des **milices spécialisées en armes**. Parmi les plus anciennes, la **guilde des archers de St-Sébastien**, dont le plus vieux document écrit remonte à 1416, aurait participé aux croisades. C'est ce qui expliquerait la présence des armes des souverains de Jérusalem au-dessus de la porte d'entrée du bâtiment où elle s'est installée au 16e s.. Autre guilde prestigieuse, celle des **arbalétriers de St-Georges** qui conserve aujourd'hui encore le privilège d'escorter le St-Sang lors des processions annuelles. Ces armes de jet ayant été peu à peu rendues obsolètes par le développement des armes à feu à la fin du Moyen Âge, les guildes des archers et des arbalétriers sont devenues progressivement des clubs récréatifs, encore en usage au 21e s. Deux femmes font partie des membres d'honneur de la première : la reine des Belges Mathilde et la reine d'Angleterre Élisabeth II, comme tous les souverains anglais depuis l'exil de Charles II à Bruges en 1656.

Guilde des archers de St-Sébastien p. 39.

Guilde des archers de St-Georges *(Schuttersgilde St-Joris) - Stijn Streuvelsstraat 59 - 050 33 54 08 - www.st-jorisbrugge.be - possibilité de visite sur RV.*

Maisons de corporations sur le Markt

stella artois
de gouden meermin

C

D

E

F

P

R

S

T

Crédits photographiques p. 4-5
(de gauche à droite et de haut en bas)

Olena_Znak/iStock
J. A. Moreno/age fotostock
Melba/age fotostock
Image Asset Managemen/World History Archive/age fotostock
Benoit/Archibel/age fotostock
F. Rankin/age fotostock
Ph. Clement/ArTerra Picture Library/age fotostock
E. Rooney/robertharding/age fotostock

Collection sous la direction de Philippe Orain

Responsable d'édition et rédactrice en chef du guide : Catherine Guégan

Secrétaire d'édition	Émilie Vialettes
Rédaction	Pascal Bagot, Catherine Zerdoun, François Sichet, Renaud Deschamps
Remerciements	Pascale Schuddings, Marijke Bris, Claire Saint-Martin - Visit Flanders ; Anne De Meerleer - Visit Bruges ; Niels D'Hoedt - Visit Ostende
Ont contribué à ce guide	Theodor Cepraga, Maria-Mirabela Dumbraveanu, Costina-Ionela Tarcea (**Cartographie**), Véronique Aissani, Carole Diascorn (**Couverture**), Maria Gaspar, Marie Simonet, Sophie Roques (**Iconographie**), Nicolas Koussa, Bénédicte Lathes, Isabelle Foucault, Marion Desvignes-Canonne (**Données objectives**), Bogdan Gheorghiu, Karina Gruia, Cristian Catona, Hervé Dubois, Pascal Grougon (**Prépresse**), Dominique Auclair (**Pilotage**)
	Plans de ville : © MICHELIN et © 2006-2017 TomTom. All rights reserved.
Conception graphique	Laurent Muller (couverture et maquette intérieure)
Régie publicitaire et partenariats	business-solutions@tp.michelin.com *Le contenu des pages de publicité insérées dans ce guide n'engage que la responsabilité des annonceurs.*
Contacts	Qu'avez-vous pensé de ce guide ? Répondez à notre questionnaire en ligne, en allant sur le site : satisfaction.michelin.com
	Vous souhaitez nous contacter ? Envoyez-nous un email à l'adresse : tourisme@tp.michelin.com
	Parution 2019

Michelin Travel Partner
Société par actions simplifiée au capital de 15 044 940 EUR
27 Cours de l'Ile Seguin - 92100 Boulogne Billancourt (France)
R.C.S. Nanterre 433 677 721

Dépôt légal : 02-2019 – ISSN 0293-9436
Compograveur : Michelin Travel Partner, Ilfov (Roumanie)
Imprimeur : Estiprim, Autechaux
Imprimé en France : 02-2019

Usine certifiée 14001
Sur du papier issu de forêts bien gérées